우리 절집의
옛이야기와 한담

설화와 함께하는 사찰 기행

우리 절집의 옛이야기와 한담

김.영.숙.

운주사

들어가는 말

첫 책 『절집 길라잡이』를 세상 밖으로 내보낸 이후, 잔뜩 미루고만 있었던 숙제를 해결한 홀가분한 기분으로 그간 쌓아두기만 했던 것들을 정리할 수 있는 마음의 여유가 생겼다. 그래서 너무 아파서 열어보지 못했던 것들, 또 정신없이 사느라 잊고 있었던 것들, 그리고 소중해서 감춰두기만 했던 것들을 끄집어내어 하나하나 들여다보면서 인연이 다한 것들은 정리하고 아직도 미련이 남아 그 끈을 놓지 못하는 것들은 또다시 쌓아두었다. 과감하게 놓지 못한 것들이 앞으로의 내 삶을 얼마나 무겁게 할지 모르겠지만 일단은 한결 가벼워진 무게에 날 것만 같았다.

내친 김에 엄두가 나지 않았던 일에 용기를 냈다. 서가의 책들을 한번 정리해야 할 것 같아서 책뿐만 아니라 이것저것 모아두었던 것들을 끄집어내고 보니 쉽게 끝날 일이 아닌 것 같아 겁부터 났다. 그러나 어쩌랴! 시작했으니 끝을 내야지. 하나하나에 사연이 없는 것들이 있을까만은 유독 1987년과 1988년에 다독을 하면서 느낀 것들을 메모하고 정리해 놓은 노트가 눈에 들어왔다. 당시에는 내가 책을 펴낼 것이라고는 꿈에도 생각하지 않았기 때문에 간단한 내용정리 아니면 순간순간 떠오르는 생각들을 두서없이 긁적거린 것들이 전부였다. 첫 책을 내면서도 꺼내지 않았으니 새삼스러울 수밖에. 하나하나 살펴보다가 스스로도 놀랄 정도의 내용들이 나와 깜짝깜짝 놀라는 재미가 쏠쏠했다.

경전독송, 새벽 백일기도, 참고서를 몇 권씩 옆에 끼고 했던 경전공부. 무슨 힘으로 그렇게 했나 싶을 정도로 열심이었던 때였다. 그때가. 모눈 눈금종이에 연필로 사선 긋기를 하면서 독송의 숫자를 헤아렸던 종이를 보고는 아무리 내가 했지만 감탄하지 않을 수 없었다. 내 맘을 까맣게 만들었던 슬픔을 극복하기 위한 처절함이었을까?

기도를 하고 틈이 나면 서점을 돌아다니면서 참 많은 책들을 사서 읽었다. 동네 서점 한켠에 꽂힌 채 팔리지 않던 인문학 서적들을 내가 많이 소화했었으니 서점 문을 열고 들어서면 서점 아저씨는 반가운 얼굴로 나를 맞아주었다. 먼지 낀 책들을 골라 계산해서 들고 오면 정성스럽게 먼지를 닦고 먼저 읽을 것과 나중에 읽을 것을 분류해 놓고 한밤이 오기를 기다려 첫 페이지를 넘기면서 코를 벌름거리며 맡았던 퀴퀴한 책내음의 기억이 새롭다. 그때 처음 달라이 라마를 만났고 티베트를 마음에 품었다. 네루와 간디, 수많은 명상서적들, 역사서들, 에세이집들. 줄긋기가 아까워 연필로 옅은 표시를 해 두고 그 부분을 다시 읽어보기도 했고, 혹여나 저자의 질문이 있을 때에는 뾰족하게 깍은 연필심으로 조심스럽게 한쪽에 답을 적어보기도 했었다. 책의 곳곳에 남은 흔적들이 마음을 아리게 한다. 남들은 아름다운 사랑으로 밤을 잊고 있을 때 나는 그랬었다. 이런 끈끈한 정이 묻어 있으니 떼 내지 못하고 지금껏 이고지고 살고 있다.

그러다 우연히 발견한 옛 책 한 권. 『한국불교전설 99』(최정희), 26년 전 책이다.

재미있게 읽었던 기억에 빛바랜 책의 색을 찾아주고 싶다는 생각으로 그간 묻어 두기만 했던 절집 관련 자료들을 끄집어냈다. 비슷한 형식으로 작업을 하려다 보니 이미 유사한 책들이 너무 많이 나와 있어 나까지 더할 필요는 없겠다 싶어 포기하려 하였다. 하지만 그간 했던 작업에 미련을 버리지 못했다. 그러다 생각을 조금만 달리하면 내가 작업한 것들을 묵히지 않아도 될 듯하였다. 그래서 글의 앞부분에는 내 방식대로 각색한 절집 관련 이야기를, 그리고 글의 뒷부분에는 그 절집을 여행하면서 생긴 에피소드를 엮어 배치했다.

처음 해보는 작업이라 미숙하고 어색했지만 모험을 하기로 했다. 그래서 많이 부끄럽기도 하다. 그저 추억 속에 묻어 두었던 나만의 절집 여행기쯤으로 해두면 될 것 같다는 생각이다.

작업을 하면서 이야기가 떠오르지 않으면 빛바랜 노트를 꺼내 한참을 읽어가다 보면 얼른 가닥이 잡혀 일사천리로 글을 마무리할 수 있었다. 진하게 열심히 순간순간을 살았던 그 시절의 경험들이 나를 많이 성장시켰듯이 지금 내가 하는 경험들이 앞으로의 내 삶에 좋은 영향을 미칠 것이라 생각하며 지금 이 순간을 다독인다.

● 들어가는 말 5

김 서방댁, 불씨 좀 있는가? 금련산 마하사 11

스승님, 어서 해탈하시옵소서 금정산 범어사 19

구름떼처럼 몰려오는 저 대중을 어디에 머무르게 할 것인가 천성산 내원사 30

네가 나였구나 내연산 보경사 38

석가모니 부처님의 진신사리를 안전하게 모셨습니다 비슬산 용연사 49

계곡 물이 흩어지지 못하도록 잡아라 팔공산 파계사 60

환희심에 춤이 절로 나오는구나 불령산 수도암 72

복숭아꽃 오얏꽃이 활짝 피었구나 태조산 도리사 80

내생에 반드시 소생하라 능가산 내소사 92

황금빛 까마귀가 나를 인도하였구나 금오산 향천사 104

꽃비가 내리는 곳에서 정녕 이별이옵니까? 삼각산(낙산) 청룡사 117

승가 스님, 가람의 이름은 승가사입니다 북한산 승가사 127

덕릉이라 부르면 나무 값을 더 쳐주리다 수락산 흥국사 137

아무리 미물이라지만 어찌 이리도 야속한가 화산 용주사 146

내가 나를 이겨 냈구나 소요산 자재암 160

백정인 저희들도 성불할 수 있을까요? 칠현산 칠장사 169

그물에 걸려 올라온 것이 이것인가? 낙가산 보문사 183

괴로운 일생 한바탕 꿈이로다 오봉산 낙산사 196

깨달음에 나이는 상관없습니다 설악산 오세암 204

태백산 갈반지에서 만나자고 하셨습니다 태백산 정암사 216

나오는 말 229

김 서방댁, 불씨 좀 있는가?

금련산 마하사

"김 서방댁 있는가? 나는 산 너머 마하사에서 불씨를 구하러 온 행자라네. 불씨 좀 나눠 줄 수 있겠는가?"

"아이고, 이 새벽에 행자님께서 예까지 오셨습니까? 물론 드려야지요."

'그런데 마하사에 행자님이 계셨던가?'

김 서방댁은 이상한 생각이 들었지만 배가 고픈 듯 가마솥에서 끓고 있는 동지팥죽을 보고 있는 행자에게 한 그릇 떠서 주었다. 그리고 맛있게 먹고 일어서는 것을 보고는 불씨까지 살뜰하게 챙겨서 들려 보냈다.

산속의 추위가 매서운 동짓날 아침이었다. 그런데 아무리 기다려도 굴뚝에 연기는 나지 않고 사람 기척이라곤 없으니 화가 난 주지스님은 급하게 공양주보살을 찾았다.

"보살님! 보살님! 오늘이 무슨 날인데 이렇게 늦잠만 자고 있단 말이오!"

"오늘 무슨 날이라요? 아이고! 죽을죄를 지었습니다. 동지팥죽 쑤어 부처님과 나한님전에 올려야 하는데 내가 무슨 짓을 한 것이람. 스님, 서둘러 하겠습니다."

'가만 있자. 우선 불을 지피고 물을 끓여야지. 아이고, 이건 또 무슨 날벼락이람. 아무리 쑤셔 보아도 불씨가 없네. 이 일을 어쩌면 좋단 말인가. 주지스님이 불호령을 내리실 텐데. 그래, 할 수 없다. 산 너머 김 서방네를 다녀오자.'

칼바람 속을 바람처럼 날아 김 서방네에 도착한 공양주보살은 급하게 김 서방댁을 찾았다.

"김 서방댁, 나 좀 살려주게. 오늘이 동짓날인데 늦잠을 자버린 데다가 불씨까지 없어 아직 이러고 다닌다네. 미안하지만 남은 불씨 있으면 어서 좀 나누어 주게나."

"그새 불씨가 꺼졌습니까? 새벽녘에 행자님이 가져가셨는데요."

"뭐라고? 우리 마하사에는 행자님이 없는데. 어떤 행자님이 다녀갔다는 말인가?"

"나도 이상하긴 이상했는데 행자님이 오셔서 불씨를 나눠달라 하시기에 그러마 하고, 배가 고파 보여서 팥죽까지 한 그릇 드렸더니 맛나게 드시고 가셨는걸요."

"이상도 하지. 알았네. 급해서 나는 이만 가네."

인사는 하는 둥 마는 둥 찬바람 속을 달려온 공양주보살은 급하게 주지스님을 찾아 마하사에 행자님이 있는지 물었다. 아직 팥죽도 쑤지 않고 정신 빠진 소리나 하고 있는 공양주보살을 보고 화가 난 주지스님이 버럭 쏘아 붙였다.

"밥상에 숟가락 놓는 공양주가 모르는 일을 내가 어찌 안단 말이오!"

공양주보살은 그때서야 정신을 차리고 뭔가 생각 난 듯 공양간으로 서둘러 들어가니 아궁이에서는 불이 활활 타고 있고 솥에는 물이 펄펄 끓고 있었다. 생각할 겨를도 없이 급하게 팥을 삶아 서둘러 팥죽을 쑤어 부처님전에 올리고 나서 나한전으로 가 나한님전에 팥죽을 올리려던 순간 공양주보살은 놀라 뒤로 나자빠질 뻔했다. 입술에 붉은 팥죽을 묻히고 회심의 미소를 짓고 있는 나한님이 자신을 내려다보고 있었기 때문이었다.

'아이고 살려주십시오, 나한님. 행자님으로 현신하셔서 김 서방네를 다녀오셨습니까? 죽을죄를 지었습니다. 다시는, 두 번 다시는 게으름 피우지 않겠습니다.'

마하사는 내가 사는 곳과는 비교적 가까운 거리에 있는 절집이라 여유로운 마음으로 찾을 수 있다. 오르는 길의 경사가 심한 데다가 공사 중이어서 조금 힘들었지만 계단을 오르다 보니 누구나 입장이 가능하여 절집의 넓은 품을 보여주는 일주문이 금련산金蓮山 마하사摩訶寺라는 이름표를 달고 서 있었다. 2층 누각 형태를 하고 있었는데 들어가 보니 사천왕상이 그려져 있었다. 천왕문을 겸하고 있나 보다. 게다가 누각 2층에는 범종을 걸어 범종각까지 자리하고 있었다. 좁은 공간을 활용하려다 보니 한 지붕 세 가족 살림이 되었나 보다. 지혜로움이다. 절집 마당으로 들어가니 대웅전을 중심으로 각 전각과 요사가 오밀조밀 모여 있었다.

마하사는 5세기 경 아도화상阿道和尙이 창건한 절집으로 '마하摩訶'라는 말은 산스크리트어로 '크다', '뛰어나다', '넓다'의 뜻을 가지고 있으니 위대한 절집쯤으로 해석해도 될 것이다. 특히 마하사의 지형은 금학포란金鶴抱卵으로, 금학이 알을 품어 새끼가 알을 깨고 나오는 형상이라고 한다. 그러므로 이 자리는 불법이 중생을 따뜻하게 품어 진리를 깨달아 모르는 것 없이 두루 아는 지혜를 갖춘 부처로 키워 낼 곳이라고도 한다. 새

로 불사를 한 삼성각을 빼고 보면 정말 금학이 알을 포근하게 감싸고 있어 그 속에서라면 얼마든지 힘을 내어 알을 깨고 나올 것 같았다.

대웅전 부처님 전에 삼배례三拜禮를 하고 오른쪽에 자리한 나한전으로 갔다. 문이 굳게 닫혀 있었고 안에서는 기도 소리가 흘러 나왔다. 안으로 조심스럽게 들어가 삼방三方 삼배례를 하고 눈치를 보면서 앉았다.

내가 마하사를 찾은 가장 큰 이유는 입술에 붉은 팥죽을 묻히고 시치미 떼고 앉아 공양주보살을 기절시킬 뻔했던 그 나한님을 찾기 위해서였다. 그런데 이게 무슨 일인가? 오른쪽 세 번째 나한님이라 했는데 세 번째도 네 번째도 죄다 입술이 붉다. 김 서방네를 단체로 다녀오셨나 보다. 그렇다면 탐정의 눈이 되어 한 분 한 분 찾는 수밖에 없다. 어디 보자. 입을 꾹 다물고 점잖게 앉아 계시는 나한님은 배고프다고 달려가실 것 같지 않고, 호랑이를 인형같이 데리고 노는 나한님도 아닐 것 같다. 그

금련산 마하사의 나한님들이 다 모였습니다. 입술에 붉은 팥죽을 묻히고 앉으신 나한님을 찾아야 하는데 죄다 붉으니 동짓날 새벽 김 서방네를 찾아 불씨를 얻어오신 나한님은 도대체 누구란 말입니까?

런데 "난 아냐!"라는 듯 고개를 비스듬히 들고 엷은 미소를 머금고 계신 나한님이랑 무릎을 세우고 손에 그릇 같은 것을 들고 골탕 먹일 준비가 되어 있는 익살스러운 미소를 짓고 계신 나한님이 유력해 보였다. 하지만 심증은 있으나 물증이 없으니 포기하는 수밖에 없었다. 사람 좋게 웃고만 계시는 나한님, 조금은 촌스럽게 생기신 나한님, 송충이 눈썹의 나한님, 직접 와서 보니 살아계신 듯 앉은 모습이 얼마나 정겨운지 모르겠다. 만만하게 답답한 심정 하소연하기는 마하사 나한님만한 분들도 없을 것 같다.

마하사는 아도화상이 나한기도도량으로 세웠다고 한다. 그래서인지 나한님의 영험은 여기서 그치지 않는다. 어느 해 참새 떼가 모여 들어 청정한 도량을 시끄럽게 하고 마당에 널어

놓은 곡식을 죄다 먹어버려 그 피해가 막심하여 도저히 견딜 수 없었던 주지스님이 작정을 하고 나한전에 가서 참새 떼를 물리쳐 달라고 기도를 드렸다고 한다. 기도 회향이 있은 후 어느 날 절집 마당 한 가운데서 참새 한 마리가 죽은 채 발견되었는데 그 일이 있은 이후로 참새 떼는 감쪽같이 사라졌을 뿐 아니라 지금까지도 참새가 범접하지 않는다고 한다.

또 마하사에 큰 불사가 있었는데 규모가 커지다 보니 불사금이 부족하여 나한전 불사를 뒤로 미루고 불사를 종료하기로 결정한 후 회향식을 거행하였다고 한다. 범종을 칠 순서가 되어 힘차게 종을 치니 무슨 일인지 종소리가 나지 않고 나무 두드리는 소리가 나더니 아예 그 소리마저 나지 않았다고 한다. 회향식을 위해 모여 있던 대중들이 놀라 몸을 깨끗이 하고 마음을 하나로 모아 "나한님, 오늘 회향식을 거행하고 내일부터 나한전의 불사를 하기로 하였습니다. 그러니 노여움을 푸시고 자비심을 베푸시어 어리석은 중생들을 용서하여 주시옵소서." 하고 알렸더니 신기하게도 그때부터 종을 치자 종소리가 원만하게 울려 퍼졌다고 한다. 이렇듯 크고 작은 영험을 보이면서 아주 인간적인 모습을 하고 있는 마하사 나한님! 속내가 답답하여 누구라도 붙잡고 이야기하고 싶으나 그러지도 못할 때 찾아가 모든 것 내려놓고 앉아 하소연해 보는 것은 어떨까? 즉답이 있을지도 모른다.

사실 나한님은 부처님으로부터 "너희들은 불법을 수호하고 공덕을 닦는 사람들의 참된 복전이 되어라."는 부촉을 받은 존재들이다. 아라한이라 부르는 나한님이 이런 중책을 맡게 된 데에는 미래세에 대한 일을 통달하는 천안명天眼明과 전세의 일을 잘 아는 숙명명宿命明, 그리고 세상의 고통을 알아 번뇌를 끊는 지혜인 누진명漏盡明의 3명三明과 6신통, 그리고 8해탈법을 모두 갖추고 인간과 천인天人들의 소원을 속히 이루어 주는 능력이 있기 때문이다. 스스로 수명을 연장하여 열반에 들지 않고 항상 세간에 머물며 가장 가까운 거리에서 중생을 보호하는 귀한 불연佛緣이다. 진정 통하였다면 즉답은 문제없다!

스승님, 어서 해탈하시옵소서

금정산 범어사

"너의 이름이 명학明學이더냐?"

"네. 제가 금정산 범어사 중 명학이옵니다."

스님은 떨리는 목소리로 대답하였다. 사실 스님은 지난밤에 사령인 듯한 두 사람에게 황망하게 끌려 어디를 가는지도 모른 채 마냥 걷다가 어느 큰 성문 안으로 끌려 들어왔던 것이다. 그 안에는 덩그런 기와집이 여러 채 있었고 집 앞마다 검은 관을 쓴 관리가 서 있었다. 그 중 한 집의 안으로 들어가니 우두머리처럼 보이는 관리가 높은 곳에 앉아 있었는데 그 앞에 놓인 상에는 책들이 쌓여 있었다. 커다란 거울 같은 것도 보이고, 시동들은 두루마리를 들고 있었으며, 그밖에 사령인 듯한 사람들이 여럿 있었다.

지금 명학 스님은 죽어 저승사자에게 끌려 와 염라대왕에게 전생의 심사를 받으러 온 것이었다. 염라대왕은 저승 시왕十

王 중 다섯 번째 왕으로 사자의 살았을 때의 삶을 기록해 놓은 책자와 업경대(業鏡臺; 살아서 지은 선악의 업이 모두 나타나는 거울)에 비친 여러 모습들을 근거로 죽어 육도의 어느 곳으로 갈지를 심사하는 분이다. 확실한 증거들이 제시되는 염라대왕 앞에서의 심사는 한 치의 거짓도 있을 수 없으니 무서운 곳이라고 한다.

"내 너를 심사하기 전에 너에게 기회를 줄 테니 네가 인간세에서 지은 업을 이야기해 보도록 하여라. 하나라도 거짓이 있었다가는 큰 죄를 면하지 못할 것이다."

"네. 저는 금정산 범어사에 살면서 삼보를 귀하게 여기며 단월檀越의 시주물을 아껴 크고 작은 불사를 이루다 황망하게 이렇게 죽음을 맞이하였습니다."

"네 이놈. 명학아! 여기가 어디라고 그런 거짓을 고하느냐. 여봐라! 이놈을 저 업경대 앞에 세우도록 하여라."

명학 스님은 사자들에게 끌려 커다란 거울 앞에 세워졌다. 그러자 살았을 때의 자신의 모습이 비춰지기 시작하였다. 단월의 시주금을 몰래 숨기는 모습, 불사에 돈을 아끼는 모습과 나무하러 간 상좌가 빈 지게로 돌아오자 불호령을 내리는 모습, 몰래 숨겨둔 시주금으로 관직을 사서 기뻐하는 모습 등이 하나 숨김없이 보여지고 있었다.

"네 이놈. 그래도 거짓을 입에 담겠느냐? 출가한 자로서 수행에는 관심이 없고 단월의 시주금을 빼돌려 축재를 하고 불사금을 아껴 사리사욕을 채운 것이 잘못되지 않았다는 것이냐?"

"죽을죄를 지었습니다. 한 번만 용서해 주시옵소서."

"너 명학은 수행자의 본분을 잊고 몰인정한 축재를 행하고 탐심으로 배를 불린 과보로 황구렁이로 태어날 것이로다."

염라대왕의 목소리가 시왕동十王洞에 쩌렁쩌렁 울렸다.

한편 30년 전 어느 날 명학 스님은 길을 지나다 서기가 돌고 있는 초가집 앞에 멈추어 섰다. '음. 분명 불가와 큰 인연이 있을 것인데.' 혼잣말을 하면서 옷깃을 여미고 집안으로 들어갔다. 막 들어서니 아기의 울음소리가 우렁차게 들려왔다.

"그럼 그렇지. 안에 누구 없소이까? 나는 범어사 명학이라 하오. 태어난 아이는 불가와 깊은 인연이 있는 아이니 잘 길러 주시면 내가 다시 데리러 오겠소이다."

막 해산을 하고 온몸에 손가락 하나 들 힘조차 없는 산모는 이 기막힌 소리를 듣고 정신이 퍼뜩 들었다. '막 나은 내 귀한 아들이 불가와의 인연이라니, 이 일을 어찌하면 좋단 말인가?' 아무 소리도 들려오지 않는 방을 향하여 명학 스님은

"10년 째 되는 해에 데리러 오겠소이다. 잘 길러 주시오."

라는 말을 남기고 자리를 떴다. 그리고 10년 째 되는 해 아이를 데리고 와 상좌로 삼았다.

10세에 명학 스님의 상좌가 된 동자 스님은 아무 것도 알지 못한 채 부정한 축재에 잔심부름도 하면서 스승을 곧잘 따랐다. 그러나 영특했던 스님인지라 15세가 되고 보니 출가의 본분이 이런 것이 아니라는 것을 깨닫고 갈수록 심해지는 축재와 온갖 부정한 일들을 자행하는 스승을 볼 수만 없어 간곡하게 만류하였다. 그러나 끝내 뜻을 이루지 못하자 스승의 곁을 떠나 금강산 영원동靈源洞으로 들어가 일체 세간사를 끊고 일심으로 정진하여 대각大覺을 이루었다. 명학 스님이 10년을 기다려 데리고 왔던 상좌는 영원조사靈源祖師가 되어 푸른 하늘과 흐르는 시냇물을 벗 삼아 자적自適한 수행자의 삶을 꾸리고 있었다.

영원 스님이 서른 되던 해 변함없이 선정에 들어 법열을 즐기고 있는데 문득 시왕동에서 동래 금정산 범어사 명학을 치죄하는 소리와 함께 고통스러운 울부짖음이 들리는데 분명 스승의 목소리였다. 어찌된 일인지, 스님이 법력으로 명부에 이르러 자초지종을 알아보니 스승은 이미 죽었고 살아서 탐심으로 재물을 모으고 선한 행은 조금도 하지 않았으므로 구렁이의 과보를 받았다는 것이었다. 선정에서 깨어난 영원 스님이 가부좌를 풀고 행장을 꾸려 남쪽으로 향하여 범어사에 도착하였다. 절에 도착해 보니 최근 이상한 일이 있은 듯 술렁이고 있었다.

"이상한 일도 다 있제. 고방에 황구렁이 한 마리가 꼼짝도 않고 똬리를 틀고 앉았는데 팥죽을 주면 곧잘 먹는다 안하나."

보살들의 수군거리는 소리를 들은 영원 스님이 짐을 풀 생각도 잊고 곧장 고방으로 가 보니, 생전 쌓아 둔 돈을 잊지 못해 결국 꼼짝 않고 그곳을 지키는 황구렁이의 몸이 된 스승이 있었다. 이를 본 스님은 마음을 하나로 모아 경을 외우기 시작했다. 그리고 다음과 같이 호소하였다.

"스승님, 도대체 어찌하여 이런 몸을 받으셨습니까? 아직도 늦지 않았습니다. 제가 도와 드릴 테니 어서 해탈하시옵소서. 스승님께서 이런 과보를 받은 것은 살아 계실 때 탐심으로 행했던 온갖 악행이 원인이오니 모든 인연 버리고 집착은 과감히 끊어 몸과 마음을 내려놓으십시오."

영원 스님의 말이 끝나자 황구렁이는 눈물을 흘리며 머리를 고방 댓돌에 서너 번 부딪치더니 피를 흘리며 죽어갔다. 그런데 죽어가는 황구렁이의 몸에서 새 한 마리가 나와 영원 스님의 품에 안기는 것이었다. 스님은 살포시 품에 안고 다시 행장을 꾸려 금강산을 향해 길을 떠났다. 길을 가던 어느 날 날이 어두워 쉴 곳을 찾던 스님은 젊은 부부가 살고 있는 집에서 하룻밤을 묵게 되었다. 그리고 그날 밤 품에 안은 새를 젊은 부부에게 맡겼다.

"지금부터 꼭 열 달 후에 이 집에 사내아이가 태어날 것이오.

태어난 아이는 불가와 인연이 깊은 아이니 잘 길러 주시면 10년 후 내가 데리러 오겠소."

그리고 떠난 후 꼭 10년 만에 다시 찾아와 아이를 데리고 갔다. 영원 스님에게로 온 동자승은 스님의 바른 가르침으로 불도를 부지런히 닦아 차츰 공부가 익어 가더니 마침내 대각을 이루어 대선사가 되었는데 이분이 바로 우운조사(雨雲/友雲祖師)라고 한다.

명학 스님과 영원조사, 그리고 우운조사가 얽힌 인연의 이야기는 때로는 스승을 제도한 제자의 이야기로, 때로는 승려의 탐심과 축재를 경계하는 이야기로 범어사에 전해 오고 있다.

범어사梵魚寺는 부산 동래 금정산金井山 자락에 자리하고 있으며 합천 해인사海印寺, 양산 통도사通度寺와 더불어 경상남도를 대표하는 큰 절집이다. 그러다 보니 경내에는 보물과 부산시유형문화재들이 많이 자리하고 있다. 한마디로 불자가 아닌 사람에게도 볼거리가 많다는 이야기다. 그래서인지 부산을 찾는 관광객들이 빠뜨리지 않고 들르는 관광지이기도 하다. 내가 사는 가까이에 이런 곳이 있다는 것은 타지에서 나를 찾아오는 지인들에게 뭘 보여줘야 할지 고민할 필요가 없는 보너스다. 그리고 금정산과 범어사에는 잊을 수 없는 기억들이 많은지라 특별히 애정이 가는 절집이기도 하다.

볼거리만 많은 것이 아니라 이야깃거리도 풍성한 곳이 범어사이다. 절집 이름에서부터 창건에 이르는 신비한 이야기, 스님들의 이적에 관한 이야기, 수행을 경계하는 이야기까지 정말 다양한 이야기들이 전해 온다. 그 중 창건과 관련된 이야기를 하나 덧붙이려 한다. 사실 부산은 서울보다 일본의 대마도(쓰시마)나 남서쪽 큐슈 지역이 훨씬 가깝다. 비행기로 38분 거리에 있는 큐슈의 후쿠오카보다 더 가까운 거리에 있는 것이 대마도이다. 언젠가 대마도로 짧은 여행을 갔을 때 들었던 푸념 하나를 이야기하자면, 과자봉지나 음료수통 등 한국 쓰레기가 대마도 해안으로 밀려와 청소하는 데 여간 힘들지 않다는 것이었다. “아니 그렇게나 가까운 거리인가?” 우리 일행은 새삼 근접한 거리에 놀랐다. 이러한 인접한 거리가 질기고 질긴 왜구 노략질 역사의 한 원인이었다니 정말 가깝고도 머~언 나라이다.

왜구의 연해 노략질은 삼국시대부터 시작되어 고려 말 조선 초에 절정을 이루었다. 왜구는 일본 국내의 사회적 혼란 속에서의 불안정한 생활, 특히 굶주린 배를 채우기 위해 해적단을 조직하여 우리나라와 중국 연해 지역에 출몰하여 노략질을 일삼던 일본 해적집단을 말한다. 특히 중앙권력과 멀리 떨어져 있어 생활이 더욱 곤궁했던 큐슈나 대마도 섬 지역민들의 노략질은 우리나라 남해안 일대 백성들의 삶을 송두리째 앗아가기에 충분했다. 죽임을 당하거나 의복, 식량, 생활필수품을 빼앗기는 것은 다반사였고, 집들이 불태워지거나 마을 전체가 소실되어 집단이거가 이루어지기도 하였으며, 심지어 식량을 운반하던 조운선마저 약탈당하니 백성들뿐만 아니라 나라에서도 두고 볼 일만은 아니었다. 백성들은 왜구로부터 자신들의 마을을 지키기 위해 식량을 비축하여 번갈아 지키며 수비하였고, 나라에서는 군대를 보내어 격퇴한다든지 산성을 쌓아 방비한다든지 하면서 한편으로는 회유책을 쓰는 등 다양하고 적극적인 대처를 하였으나 쉽게 사라지지 않았다. 이러한 역사적 배경을 가지고 범어사가 창건되었다.

신라 문무왕 때 왜구가 창궐하여 왕이 그 퇴치 방안을 아무리 생각하여도 묘책이 없었는데, 비몽사몽간에 신인이 나타나서 비책을 알려준다는 데서 창건의 이야기는 시작된다.

"대왕은 근심하지 마소서. 태백산중의 의상대사義湘大師는 금산보개여래의 후신으로 항상 여러 신중을 거느리고 다닙니다. 또 동국의 해변에는 금정산이 있는데 그 산 정상에는 암석이 우뚝 솟아 높이가 50여 척이나 됩니다. 그 암석 위에는 우물이 있고 우물에는 물이 있어 그 빛이 항상 금색이고 사시四時로 가득 차서 마르지 않으며, 또한 금색의 고기가 오색의 구름을 드리우고 범천으로부터 내려와서 그 속에 노닐고 있습니다. 대왕께서는 의상대사를 맞이하여 친히 함께 그 산으로 가시어 금정암 밑에서 7일7야로 『화엄신중경』을 독송하고 정근하시면 미륵여래가 금색신을 현현하고 사방의 천왕이 각기 병기를 가지고 색신을 나타낼 것이며, 비로자나여래가 금색신을 나타내어 보현·문수·향화동자 등 40법체法體의 신중과 제신, 천왕을 거느리어 각기 병기를 가지고 해동을 위압하면 왜병이 자연히 물러갈 것입니다. 만약 후대에 어진 이가 나타나지 않아 왜적이 침입하고 사방에 병란이 일어나거든 또한 이 바위 밑에서 화엄정근을 하시면 자손이 끊어지지 않고 전쟁이 길이 쉬게 될 것입니다."

이에 문무왕은 사자를 보내어 태백산중의 의상대사를 모시고 와서 일러준 대로 하니 과연 제불, 보살, 천왕, 신중이 나타나 각기 병기로 위협하고 바람과 불로 공격하여 일거에 왜병을 물리쳤다. 왕은 너무 기뻐 의상대사를 예공대사銳公大師로 받들고 금정암金井巖 아래 절집을 짓고, 범천梵天의 금색 고기가 노닐었다는 금정 아래 지은 절집이라 그 이름을 범어사라 하고 부처님 은덕에 보답하였다고 하면서 창건의 이야기는 끝이 난다.

범어사와 일본과의 관계는 아직 끝나지 않은 역사이다. 선조 25년(1592) 임진년에 왜란이 일어난 조선은 왜구의 약탈과는 비교도 할 수 없는 막대한 피해를 입게 된다. 당시 범어사도 대왜방비對倭防備라는 막중한 임무를 띠고 있는 절집이었고 가장 먼저 왜군에게 함락 당한 동래부에 위치해 있었으므로 철저하게 파괴되었다. 경내의 보물같은 전각들은 물론 전래되어 오던 각종 기록들이 이때 대부분 소실되었다. 크고 작은 불사가 진행되긴 했으나 본격적인 중창불사가 시작된 것은 근 백년이 지난 숙종 26년(1700)에 와서라고 하니 그 피해가 어떠했는지는 미루어 짐작할 수 있다. 그러나 범어사가 임란 당시보다 더 철저하게 왜곡되어 파괴된 것은 일본제국주의의 식민지배 하에서였다.

지난 몇 년을 시작으로 범어사는 일제잔재 청산을 위한 복원 사업이 진행 중이다. 절집 마당에 떡하니 자리하고 있던 조선총독부 표지석을 뽑아내는 것으로부터 파괴된 삼층석탑을 통일신라 전통석탑으로 복원하였고, 사방이 트인 2층의 누각이었던 것을, 사방에 일본식 벽체를 치고 벽면 부분에 창호를 설치해 전형적인 일본 건축 양식으로 변형시켜 버린 보제루와 일본 신사 양식의 대웅전 앞 계단의 원형복원과 종루의 제자리 찾아주기 등의 사업이 진행 중이거나 예정되어 있다. 그 많은 지적들이 있었을 때 왜 진작 하지 않았는지 아쉽기도 했지만 지금이라도 늦지 않았으니 그저 철저한 고증으로 완벽하게 제자리를 잡아 주었으면 하는 바람이 더 크다. 돌멩이 하나까지도 제자리를 찾아 제각각 그 자리에서 빛을 발하는 범어사를 내 두 발로 서서 내 두 눈으로 보고 싶다. 진정!

금정산 범어사의 일제 잔재 청산을 위한 복원사업은 언제쯤 마무리될까요?

구름떼처럼 몰려오는 저 대중을 어디에 머무르게 할 것인가

천성산 내원사

"스님, 큰일 났습니다. 사람들이 구름떼처럼 몰려오고 있습니다."

"웬 호들갑이냐!"

시자의 다급한 목소리와는 달리 '다 알고 있었다는 듯' 침착함이 묻어나는 목소리다. 원효元曉 스님은 이런 일이 일어날 것이라 예견했던 터라 그리 놀랄 것은 없었으나 걱정은 이만저만이 아니었다.

"해동의 원효 대사님, 저희들의 목숨을 구해 주신 그 은혜 잊을 수 없어 예까지 이렇게 왔습니다. 스님의 가르침을 배우고 정진하여 만 중생을 제도하는 대각을 이룰 것이옵니다. 부디 저희들을 내치지 마시고 거두어주시옵소서."

"그 먼 길을 온 그대들을 어찌 내가 내칠 것인가. 다만 이 많은 대중이 함께 기거할 공간이 없어 그것이 걱정이지."

'저 많은 대중을 도대체 어디에 머무르게 할 것인가.' 좁은 암자를 벗어나 산을 내려오면서 오로지 한 생각만을 하고 계신 원효 스님 앞에 웬 백발의 노인이 멈추어 섰다. 마치 스님의 마음을 알고나 있는 듯이 말이다.

"새 절집터를 찾고 계시지요? 나를 따라 오시면 좋은 곳을 알려드리겠습니다."

"보아하니 눈 밝은 분인 듯하니 내 노인장을 따라가리다."

원효 스님이 노인을 따라 산 중턱 계곡에 이르고 보니 과연 천여 명은 거뜬히 머무를 수 있는 안성맞춤의 넓은 터가 자리하고 있었다.

'더 지체할 것이 무엇인가? 내 이 좋은 터에 저 많은 대중이 머물러 공부할 수 있는 도량을 세우리라.'

원효 스님은 넓은 터에 90여 개가 넘는 암자를 세워 천여 명의 대중을 머무르게 하였다. 이렇듯 스님이 절집의 창건에 직접적으로 관여하신 것은 자신이 행한 이적異跡 때문이었다.

원효 스님이 기장 불광산에 작은 암자를 만들어 머물고 계실 때 늘 그렇듯이 그날도 깊은 선정에 들어 천하를 관觀하고 계셨다. 사실 스님은 이미 천안통을 얻어 천하를 두루 살필 수 있는 능력이 있었기 때문이었다. 그런데 그날 유독 스님의 눈에 들어오는 곳이 있어 자세히 살펴보니 중국 땅 종남산에 있는 태화사泰和寺라는 절이었다. 별다른 이상은 없어 보이고 그저 천여 명의 대중이 법회를 준비하느라 분주한 모습이었다. 그러나 뭔지 모를 불안한 마음을 떨칠 수 없었던 원효 스님이 더욱 집중하여 관해 보니 절집 뒷산이 예사롭지 않았다. 곧 산사태가 일어나 그 많은 대중이 매몰될 위기에 처해 있는 것이었다. 대중을 구해야 한다는 생각에 다급해진 스님은 선정에서 깨어나 시자를 찾을 사이도 없이 주위를 둘러보다 눈에 띄는 마루 판자*를 떼어 몇 자 적어 중국 태화사로 힘껏 날렸다.

그 시각 중국 태화사에서는 법회 준비로 분주하던 사람들이 법회 시간에 맞추어 법당으로 들어가 절집 마당은 텅 비어 고요하였다. 그런데 이상한 물체가 떨어지지도 않고 절집 마당 위를 계속 맴돌고 있었다. 그것을 우연히 본 한 신도가 외쳤다.

"저기 좀 보세요. 아까부터 이상한 것이 공중을 맴돌고 있어요."

이 말을 들은 사람들은 밖에서 펼쳐지는 이상한 광경을 보기 위해 하나 둘씩 밖으로 나와 허공을 바라보았다. 그러나 무슨 일인지 판자는 계속 맴돌기만 할 뿐이었다. 너무나 신기한 일이었기에 급기야 모든 대중이 법당 밖으로 나왔다. 그런데 그 순간 "우르르 쾅" 하는 굉음과 함께 뒷산이 무너져 법당을 덮치는 것이었다. 만약 그 많은 대중이 법당에 모여 있었다면 꼼짝없이 희생되고 말았을 것이다. 찰나에 목숨을 구한 대중은 도대체 이 일이 어찌되었는지 알아보기 위해 우왕좌왕 하는 사이 그때서야 판자가 마당으로 떨어졌다. 그때 떨어진 판자를 보기 위해 몰려든 사람들의 눈에 급하게 휘갈겨 쓴 글귀가 들어 왔다.

"해동원효척판구중海東元曉擲板求衆."

글귀를 풀이해 보니 신라의 그 유명하다는 원효 스님이 법력을 빌어 판자를 날리는 이적을 행하여 자신들을 구한다는 것이었다. 그 순간 대중들은 일제히 눈물을 흘리면서 동쪽 하늘을 향해 절하고 또 절하였다.

"대중 여러분, 저는 이 길로 신라에 가 원효 스님의 제자가 되려고 합니다."

법회의 설법을 위해 태화사에 오셨던 스님이 원효 스님의 도력에 감읍하여 신라로 떠나려 하자 그 자리에 모인 대중 천여 명도 너나 할 것 없이 원효 스님을 친견하고 법을 배우기 위해 그 길을 따르려 하였다. 그리하여 그 많은 대중이 원효 스님을 찾아 온 것이었다.

원효 스님은 품도 참 크시다. 중생을 구제하는 데 귀천, 국경, 그 경계도 없었다. 천여 명의 대중이 기거할 절집을 만들고 이름을 내원사來遠寺라 하였는데, 많은 대중이 "멀리서(遠)" "왔다(來)"고 하여 그렇게 붙였다고 하나 지금은 내원사內院寺로

원효 스님이 천여 명의 대중을 앉혀 놓고 화엄경을 설했다는 화엄벌

표기하고 있다.

경상남도 양산군 천성산千聖山 중턱에 자리하고 있는 내원사 절집은 비구니스님 수도도량이어서인지 절집 공간이 고요하고 정갈하다. 늘 느끼는 것이지만 비구니스님 도량을 가면 정갈하고 고요해서 참 좋은데 여기저기 금지하는 푯말이 너무 많이 널려 있어 좀 성가시다. 조금 돌아볼라치면 "출입금지"다. 수많은 대중들이 와서 수행을 방해하고 도량을 어지럽히는 일이 잦아 그럴 것이다. 하지만 너무 깨끗한 집을 방문하면 과자 부스러기 하나라도 흘리면 안 될 것 같아 불편해서 맘껏 대화하면서 편하게 쉴 수 없는 것과 같이 편안한 마음으로 부처님이나 보살님을 만나기가 좀 어렵다. 대중을 믿고 조금만 봉인을 풀어주면 안 될까요? 소심한 부르짖음입니다.

경전을 보면 부처님께서 이천 오백이나 되는 대중을 이끌고 탁발을 나가시는 모습이 묘사되어 있다. "똑 같은 옷을 입고 손에는 발우를 들고 성 안으로 들어가 차례로 걸식한다."고 되어 있는데 그 행렬이 얼마나 장엄할까 생각한 적이 있었다. 대중이 머물 공간은 만들었으나 그 많은 대중을 한 군데 모아 법을 펼치기가 얼마나 힘들었을까? 그래서인지 원효 스님은 무리를 이끌고 산 정상으로 올라가 모두를 한 곳에 앉혀 놓고 『화엄경』을 강의했다고 한다. 스승을 따라 산을 오르는 제자들의 무리가 부처님의 탁발 행렬처럼 그렇게 장엄했을까? 상상하면서, 원효 스님 또한 넓은 벌에 천여 명을 앉혀 놓고 자신이 깨달은 내용을 펼쳐 보이는 일이 얼마나 가슴 벅찼을까 생각했다. 계단식 강의실에서 백여 명을 앉혀 놓고 가슴 뭉클 뭉클하면서 강의했던 초보 강사시절의 나를 비추어 본다면 분명 그러셨을 것이다.

때로는 찬바람을 맞으며 때로는 뜨거운 햇빛 아래에서 또 때

천성산에서 내려다 보니 내원사가 까마득합니다.

천성산에는 귀한 생명들이 자라고 있습니다. 인간의 파괴로부터 지켜내야 할 귀한 생명들이죠!

끝내 천성산을 뚫고 고속열차는 달리고 있습니다. 참 대단하죠?

로는 갈대숲의 유혹을 이기면서 공부한 천여 명의 대중은 모두 정각을 이루어 스승에게 보람을 주었다고 한다. 사람들은 그 귀하고 아름다운 모습을 잊지 않기 위해 화엄경을 설하던 자리를 "화엄벌"이라 불렀으며 지금도 화엄경을 놓았던 자리는 풀이 크게 자라지 못해 풀빛이 다르다는 신비한 이야기를 만들어 전하고 있다. 그리고 천여 명의 성인이 나왔던 산이라 하여 "천성산"이라 이름 붙여 영원히 기억하고 있다.

천성산은 억새와 갈대가 유명하여 가을이면 많은 사람들이 찾는 명산이다. 걷는 것을 싫어하니 산을 타는 것에도 별 관심이 없던 내가 천성산에 관심을 갖기 시작한 것은, 천성산에 초고속열차가 지나는 터널을 만들겠다는 정부의 정책에 반대해 천성산 지킴이를 자처했던 내원사 지율 스님으로 인해서였다. 단식으로 여위어 가는 스님을 보면서 '도대체 무엇이 있길래 저러실까?' 싶어 한 번도 오른 적 없는 천성산을 찾아보고 조사하고 야단을 떨었다. 알고 보니 천성산은 초원과 습지가 발달한 곳으로 습지에 사는 도롱뇽을 비롯한 희귀한 동식물이 살아 숨쉬는 생태계의 보고였다. 그래서 산에서는 볼 수 없는 갈대를, 그것도 서산으로 넘어가는 해의 빛으로 물들인 너무나도 아름다운 갈대를 볼 수 있었던 것이다. 어쩌면 천여 명의 성인이 나신 땅에 뭇 생명체가 깨달음을 준비하고 있었는지도 모를 일이었다. 그래서 산중 수행승이 저렇게 여위어 가시나 싶고, 좁은 땅덩어리에서의 삶을 얼마나 서두르려고 살아 있는 목숨을 희생하면서까지 그놈의 초고속열차를 달리게 하고 싶은가, 참 생각이 많았다. 그러나 요즈음 바쁘다는 이유로 무심히 그 열차를 이용하고 있는 내 모습을 보면 무지몽매한 중생은 중생인가 보다.

어느 순간부터 지율 스님의 소식은 자취를 감추고 사람들의 기억 속에서 사라졌다. 대신 초고속열차는 쌩쌩 달리고 있다. 혹 천성산 뭇 생명체를 담보로 뒷거래가 있은 것은 아닌지 하는 의구심이 찰나에 들었다. 그러나 알 수 없는 일이니 생각뿐이었다. 최근 초고속열차에 문제가 잦다. 참을 만큼 참은 천성산 대중(뭇 생명체)이 노한 것은 아닐까 걱정이다.

* 원효 스님이 판자를 날렸던 암자는 척판암擲板庵이라 하며 경남 기장 장안읍 불광산佛光山에 있다.

네가 나였구나

내연산 보경사

"앞으로 이 험한 길이 얼마나 남았을까요?"

"글쎄요. 서천으로부터 10만 리 길이라 하니 부지런히 가야겠지요? 백마야, 얼마나 힘이 드느냐? 그렇지만 너의 이 선업으로 귀한 부처님의 가르침이 먼 동방에까지 이를 것이니 축생으로 태어나 이보다 더 보람된 삶이 어디 있겠느냐? 힘 내거라!"

마등摩騰과 법란法蘭 두 스님이 불상과 불경, 그리고 8면경八面鏡과 12면경을 등에 실은 백마를 위로하자 마치 그 말을 알아들었다는 듯 고개를 끄덕였다. 멀고도 험한 불법 교화의 길에 두 스님과 한 마리의 백마는 지칠 대로 지쳐 그 형색은 보기 안쓰러울 지경이었다.

"불법을 펼치기 위해 인도를 떠나 중국으로 향했던 여정도 이제 끝이 나려나 봅니다."

"그렇군요. 우리도 우리지만 저 백마의 공이 없었다면 이 길이 얼마나 힘이 들었을까요? 그런데 아무래도 너무 지쳤는지 상태가 영 불안합니다."

아니나 다를까 무사히 중국 땅에 도착해 짐을 부린 백마는 자신의 임무를 다했다는 듯 평안한 모습으로 숨을 거두었다.

"속세의 인연이 다했나 봅니다. 비록 말의 몸을 받았으나 지혜로워 이 귀한 일을 잘 마무리했습니다. 이 공덕으로 축생의 몸을 벗고 사람의 몸으로 태어나 불법을 닦아 중생을 교화하고 제도하는 선지식이 될 것입니다."

"그렇고 말구요. 우리 힘을 모아 백마를 기리는 절을 지어 그 넋을 위로하도록 합시다. 절집 이름을 백마사白馬寺로 함이 어떠할런지요?"

"좋습니다. 무덤에서 좀 떨어진 곳에 좋은 땅이 보이던데 그곳으로 하지요?"

"네. 그리고 윤회의 화살은 반드시 떠난 곳으로 되돌아온다고 하니 후세에 이곳을 찾을 백마의 전신轉身을 위해 그 내력과 징표가 될 물건을 함께 묻어두도록 합시다."

"일조日照 스님, 석함을 이곳에 묻을까요?"

"조심해서 잘 묻도록 하여라. 무덤의 내력과 수기의 내용은 다시 확인하였느냐? 나의 후신이 이곳을 찾았을 때 잘 알아

보아야 하니 정성을 다하도록 하여라."

일조 스님은 마등과 법란 두 스님으로부터 "축생의 몸을 벗고 인간의 몸으로 태어나 불법을 닦아 중생을 교화하고 제도하는 선지식이 되라."는 서원을 받은 백마의 후신으로 태어나 불법을 부지런히 닦아 백마사 주지 스님이 되었으나 아직 인연의 끈이 닿지 않아 이 생에서 못다 이룬 일이 하나 있었다. 아무래도 내생에 자신이 마무리해야 할 일이라 생각하니 여간 조심스럽지가 않았다.

'나는 해동의 출가한 사문으로 태어나 불법을 닦을 것이며, 반드시 다시 이곳을 찾아 8면경을 얻어 동국東國의 해 뜨는 곳 종남산 아래 백 척 깊이의 못을 찾아 그곳을 메워 8면경을 묻고 절집을 세워 만세천추에 불법이 멸하지 않고 큰 빛을 발할 그런 곳을 만들리라!'

신라 진평왕 7년(585) 지명智明 스님은 진나라로 가는 사신들 틈에 끼어 그렇게도 갈망하던 불법 수학의 길을 떠나게 되었다. 타향에서의 정진의 세월 10여 년, 한 치의 흐트러짐도 없이 처음 마음을 그대로 간직하며 경율론 삼장을 천착하였고 당시의 고승대덕과 선지식을 두루 친견하여 모르는 바를 묻고 잘못 알고 있었던 것을 바로 잡았다. 그즈음 스님은 신라로 돌아가기 전 여기저기 두루 다니면서 자신의 법기를 가늠하고 싶은 생각에 행장을 꾸려 길을 떠났다. 인연의 끌림이었는지 스님이 향한 곳은 하남성 낙양에 자리한 고찰 백마사였다.

'과연 고색창연한 명찰이로구나. 그런데 백마사라 이름하는 것으로 보아 분명 얽힌 이야기가 있을 것 같은데 내 마음이 왜 이리도 아린지 모르겠구나.'

마음의 끌림이 예사롭지 않다고 느낀 지명 스님은 삼배례를 드리기 위해 법당으로 들어갔다.

'분명 인연의 끈이 나를 이끌었구나. 아니고서는 이리도 마음이 저리고 아플 수가 있을까?'

"주지 스님! 저는 해동의 계림국에서 온 구법승 지명이라 하옵니다. 이곳에 온 지 10여 년 일심으로 정진하였습니다. 고국으로 돌아가기 전 저의 공부가 어느 정도인지 알고 싶어 이렇게 찾아왔습니다. 그런데 막상 와서 보니 전생 인연인지 알 수 없으나 솟구치는 연민의 정을 주체할 수가 없습니다."

"음 해동의 계림국이라. 때가 되면 열매가 맺히는 법! 그 때가 이제야 왔나 보구려. 참으로 오랜 세월이 흘렀으나 인연의 화살은 반드시 제 자리를 찾아 꽂힌다오. 나무 석가모니불! 나를 따라 나서시오."

인사를 받은 백마사 주지 스님은 알 수 없는 말을 늘어놓더니 바삐 길을 재촉하였다. 영문도 모른 채 지명 스님은 길을 따르는데 처음 와 본 길이나 그 길이 낯설지가 않았다. 숨을 고르기 위해 잠시 멈춘 주지 스님의 길 안내가 없이도 성큼성큼 발길이 제 마음대로 나아갔다. 마침내 문득 멈춰선 곳은 곱게 단장한 무덤 앞이었다. 그런데 마음을 미처 단속하지 못한 탓인지 눈물이 하염없이 흘러내렸다.

"주지 스님, 여기가 어딘지 모르오나 전생 어느 순간에 반드시 저는 이곳에 있었습니다. 제가 그토록 이 나라로 구법의 길을 갈망했던 것도 다 인연의 끌림이었습니다."

"그렇소이다. 이곳은 백마총白馬塚이라 하오. 서천에서부터 10만 리 길을 불상과 불경, 그리고 8면경과 12면경을 등에 지고 불법 교화의 길을 따라 나선 백마가 그 임무를 다 하고 숨을 거두었으므로 이곳에 묻었다오. 그리고 그 넋을 위로하기 위해서 세운 절집이 백마사라오. 비문을 자세히 읽어 보면 그 내력을 알 수 있을 것이오."

비문에는 백마의 후신으로 중국 땅에 태어나서 불법을 닦아 자신의 전생 연이 있었던 곳에서 중생 교화의 임무를 다 하고 내생에 다시 이곳을 찾을 자신의 후신을 위해 그 내력을 상세하게 밝혀놓은 일조 스님의 글이 흐린 듯 선명하게 자리하고 있었다. 지명 스님은 흐르는 눈물을 뒤로하고 백마와 일조, 그리고 지명으로 이어지는 생이 오로지 부처님의 가르침을 전하기 위한 삶이었음에 경의를 표하고, 이 생의 마지막 여정에 최선을 다할 것을 맹세하였다.

"주지 스님, 일조 스님의 말씀을 따라 행하는 것이 바로 여러 생의 삶을 완성하는 길일 것이니 제가 무엇을 해야 할지 알겠습니다. 오늘 이 자리의 증명자가 되어 주신 은혜 결코 잊지 않겠습니다."

"윤회란 인간이 완전을 향해 진화하는 과정에서 작용하는 삶의 법칙이오. 하나의 인생에서 시작된 것이 다음의 인생에서 열매를 맺는다는 사실을 모르고 생을 보내는 이가 많은데, 지명 스님은 그 법칙을 알았으니 지금 할 수 있는 일부터 하다 보면 반드시 완성을 이룰 것이오."

지명 스님은 귀국하여 8면경을 모시고 자신이 이 생에서 해야 할 일을 하기 위해 일조 스님이 암시한 해 뜨는 곳 종남산 아래 백 척 깊이의 연못을 찾아 헤매기 시작하였다. 그러나 좀처럼 나타나 주지 않아 애를 태우기를 며칠, 갑자기 오색이 찬란한 구름 떼가 해안을 거슬러 우뚝 솟은 산봉우리쪽으로 이동하는 것을 보고 생각되는 바가 있어 그것을 따르니, 문득 멈추어 서는 곳이 내연산 12폭포가 절경을 이루는 계곡이었다. 그리고 계곡 아래로는 평원처럼 고요하고 넓은 못이 있었다.

'저 오색 구름 떼가 제대로 길잡이 역할을 하였구나. 바로 이곳에 8면경을 모시고 절집을 세워 만세천추 불법이 멸하지 않을 곳을 만들리라. 그리고 절 이름은 보경사寶鏡寺가 될 것

내연산 보경사에 연등꽃이 활짝 피었습니다.

이로다.'

보물같은 8면의 거울을 묻어 절집을 이룬 곳이 보경사다. 어느 절집이라고 인연 닿지 않은 곳이 있을까만은 보경사와도 재미있는 이야기가 나와 얽혀 있다. 빗자루를 거꾸로 심어도 탈이 없다는 윤달은 4년에 한 번씩 드는 공空달이라 그런지 절집에서는 크고 작은 행사를 해서 복을 빈다. 그중 윤달이 들었을 때 하루에 절집 세 곳을 밟으면 복을 받는다는 "삼사순례"가 하나의 행사로 자리 잡았다. 우리 가족들도 예외는 아니어서 빠지지 않고 하려고 애쓴다. 다 모이면 모이는 대로 그렇지 못하면 못한 대로 길을 나선다. 코스는 보통 내가 잡는데 그 해는 경북 일대의 절집 세 곳을 돌기로 했다.

이것저것 준비하고 챙기느라 늦은 잠을 청했는데 이상야릇한 꿈 때문에 잠까지 설치는 꼴이 되었다. 그날 밤 꿈에 새하얗게 센 머리에 쪽을 야무지게 진 할머니가 조그마한 집을 가리키면서 "이쪽으로 문을 넓게 터서 국수집을 하거라." 하셨다. 잠을 깨고 보니 너무 생생하기도 했지만 '국수집이라니?' 나와 무슨 상관인가 싶어 별 생각을 다했다. 뚜렷하게 와 닿는 것이 없어 그저 마음 한켠에 담아 두었다가 식구들을 만나자 신기한 마음에 꿈 이야기를 해주었다. 뭘 암시하는 것일까? 궁금해 하면서도 다들 별 대수롭지 않게 순례길에 올랐다. 경주로 해서

보경사 절집 입구에는 칼국수집이 많습니다. 어느 해 윤달 삼사순례를 떠나기 전날 신기한 꿈을 꿨습니다. 꿈이 현실처럼 다가왔던 그 신비로운 경험이 나의 신심을 자극했습니다.

포항까지 이어지는 그날 마지막 목적지 보경사에 도착했다.

이게 어찌된 일인가? 보경사 초입에 널린 게 칼국수집이 아닌가? "하하하, 야! 신기하다. 이걸 보려고 그런 꿈을 꾸었나 보다." '전생에 내가 이곳에서 국수집을 하였나?' 문득 든 짧은 생각에 피식 웃음이 나오기도 했지만 절집을 돌아보는 내내 뭔지 모를 생각들이 나를 멍하게 만들기도 했다. 물론 절집을 내려오는 길에 파전이랑 칼국수는 빼놓을 수 없는 우리들의 요깃거리였다. 누구는 대박 꿈이었는데 왜 국수집을 하지 않았느냐고도 했다. 그러게 말이다. 내 삶 자체가 돈 버는 일과 거리가 멀다 보니 대박 꿈으로 기회를 주었음에도 불구하고 아둔했다.

보경사는 경상북도 포항 내연산 동쪽 기슭에 자리하고 있는 절집으로 신라 진평왕 25년(603) 지명 스님이 세웠다. 여러 생의 인연 이야기가 절집 하나를 두고 얽혀 있어 다녀온 후 새삼

보경사 절집 뒷마당에 기도하듯 앉은 저 다람쥐도 현생의 불연으로 내생을 기약할 수 있을까요? 지명스님의 전신이었던 백마를 문득 떠 올렸습니다. 인연법은 언제 들어도 신비롭습니다.

스럽게 윤회와 관련된 공부를 하느라 부산을 떤 기억이 새롭다. 과연 오늘의 나 자신을 내일의 나에게로 전해줄 수 있을지 그것조차 해결하지 못한 채 늘 부족하게 살고 있는 삶이 무겁게 나를 짓누른다.

신이 인간을 창조했다고 하지만 윤회의 입장에서 본다면 인간은 스스로를 만든 창조자가 된다. 카르마業는 인간의 자기 설계와 자기 창조의 한계를 나타낸다. 그러면서 동시에 카르마는 인간의 해방자이자 벗이다. 이것을 알았기에 붓다는 인생의 변화 유전 속에서 고요히 말한다. "나는 법 속으로 피난한다."

『윤회의 비밀』 중

'내 스스로 씨 뿌린 것을 무엇이든 거두어들인다'고 하니 콩을 심어 밭을 일구어야 할까? 팥을 심어 밭을 일구어야 할까? 콩을 심었는데 팥이 나지 않고 팥을 심었는데 콩이 나지 않는 것이 자연의 법칙이듯 닮은 것은 닮은 것을 낳는 것이 윤회의 법칙이다. 어떻게 살아야 할지 답은 이미 내 속에 있는데 다만 찾지 못할 뿐이다.

석가모니 부처님의 진신사리를 안전하게 모셨습니다

비슬산 용연사

"스님, 안전하게 모시고 왔습니다."

"유정惟政 수좌는 고생이 많았네. 하지만 그게 어떤 물건인가? 자장慈藏 스님께서 모셔온 석가모니 부처님의 진신사리가 아닌가? 왜놈들에게 무참하게 짓밟히게 할 수는 없지! 암, 없고말고! 고맙네."

"마땅히 해야 할 일이었습니다. 왜군은 침략 당일 부산진성과 동래성을 함락하고 민가나 절집이나 할 것 없이 도륙을 행하며 미친 듯이 날뛰다가 10일 만에 경상도를 거쳐 파죽지세로 밀고 올라갔다고 하니 하마터면 큰일을 당할 뻔했습니다. 신장의 위호가 없었다면 불가능한 일이었겠지요? 다행히 이렇게 사리 2과를 안전하게 모시고 당도하였습니다. 그런데 이것을 어떻게 해야 무사히 지켜낼 수 있을까요?"

"그러게 말이네. 내 생각으로는 상황을 보아가면서 모두 원래 자리인 경상도 통도사로 다시 모셔야 마땅할 것 같은데, 상황이 위급한지라 한 과는 본래의 자리로 보내고 만일을 대비하여 한 과는 태백산 보현사普賢寺로 모시는 것이 좋지 않을까 싶네. 수좌의 생각은 어떠한가?"

"금강산까지 오는 길도 결코 만만치 않았고 아직 경상도 지역의 안전을 보장할 수 없으니 어찌해야 할지 모르겠습니다. 다만 한 과는 선화禪和 수좌에게 맡겨 보현사로 보내겠습니다."

"유정 수좌의 뜻대로 하게."

사정이 계속 여의치가 않자 유정 스님은 우선 치악산 각림사

용연사에는 가녀린 몸에 화려한 가채머리를 올린 여인네같이 이쁜 일주문이 있습니다.

覺林寺로 사리를 모시기로 하고 제자 청진淸振 스님에게 뒷일을 부탁한 후 포로 송환의 교섭을 위해 일본으로 건너갔다. 그러나 청진 스님은 사리를 비슬산 용연사龍淵寺로 모시는 것이 좋을 듯하여 대중들과 의논하여 탑을 세워 봉안키로 하였다.

'아무래도 걸리는 것이 있으니 어찌해야 할까? 서산 스님과 사명 스님의 뜻을 저버릴 수도 없고, 그렇다고 내 뜻대로 할 수도 없으니 진퇴양난이로구나. 스승님이 계시지 않음이 이리도 답답할까. 그래. 두 스님의 뜻을 따라 한 과는 본래의 자리인 통도사로 보내고 나머지 한 과는 계획대로 우리 용연사에 모시도록 하자.'

대구 달성군 비슬산에는 가녀린 몸에 화려한 가채머리를 올려 한껏 모양을 낸 여인네 같이 이쁜 일주문이 자리한 용연사가 있다. 게다가 임진왜란의 참화를 뚫고 지켜 낸 석가모니 부처님의 진신사리가 모셔져 있어 부처님의 숨결까지 느끼게 하는 곳이다. 내가 처음 용연사를 찾았던 것은 1992년 쯤이었다. 단단한 껍질 속에 집을 만들고 틀어 앉아 자족하던 시절, 나에게 더 큰 세상이 있음을 깨우쳐 주기 위해 무진 애를 쓰던 인연과 함께한 나들이였다.

일주문을 지나 갈래길 왼쪽의 계단을 올라 적멸보궁을 향했다. 계단의 끝을 올라선 순간 왠지 낯설지 않은 느낌이 나를 휘

감았다. 데자뷰(deja vu)! 사리탑에 예를 드리기 위해 들어선 법당에서 기도하시는 스님과 그 뒤에 다소곳이 앉아 기도드리는 보살님의 모습에서 전생 삶의 한 조각을 보는 듯했다. 그리고 절집을 내려오면서 메모지 한 장에 급하게 휘몰아 쓴 글귀들을 정리해 『불광』이라는 월간지에 보냈더니 한 편의 작은 시가 되어 실렸다. 문득 떠오르는 기억에 찾아보니 색이 바랜 채 고이 모셔져 있었다. 그 순간이 새로워 부끄럽지만 펼쳐본다.

용연사 적멸보궁

석조계단 올라 자리한
당신의 사리탑.
그 속에 담겨진 진리는
세상을 밝혔습니다.
당신의 자비와 함께.

진리를 갈구하는 독경소리
해탈을 꿈꾸며 앉은 작은 새
당신의 보물을 훔쳐내어
참회의 눈물을 흘리는 보살.

당신의 자비를 기다리며
진리를 행하는
당신의 마음자리
용연사 적멸보궁.

그 뒤로도 한참의 세월이 지나 다시 찾은 용연사. 사라진 것은 찾기가 힘들어 서운했고 여전히 자리한 것들은 그 자리를 지켜줘서 고맙고 반가웠다. 특히 한결같은 모습의 사리탑은 든든하기 그지없었다. 한창 서산西山 휴정休靜 스님과 사명四溟 유정惟政 스님에게 심취해 있을 때라 그랬는지도 모르겠다. 두 분의 발 빠른 움직임으로 지켜내 주신 석가모니 부처님의 진신사리에 정성을 다해 삼배례를 드렸다. 그러면서 내내 두 분의 생각이 머릿속을 떠날 줄 몰랐다.

'음. 하룻강아지 범 무서운 줄 모른다더니 벌써 도착할 시각이 되었겠군.'

"시자는 게 있느냐?"

"네, 큰스님."

"골짜기를 내려가다가 물이 거꾸로 흐르는 곳에 묘향산妙香山의 유정 스님이 오고 계실 테니 모시도록 해라."

"네? 언제 기별이 왔습니까? 저는 듣지 못했습니다."

계단을 올라 문을 통과하여 오르면 적멸보궁이 나옵니다.

"어허. 늦지 않도록 어서 가거라. 아마 마음에 상을 가득 담아 무거운 몸을 끌고 길을 재촉하고 있을 것이다."

무슨 말인지 통 알아들을 수 없는 말만 하는 휴정 스님을 뒤로 하고 시자가 바쁜 걸음으로 내려오다 보니 어찌된 일인지 냇물이 거슬러 오르는 곳에 웬 스님 한 분이 오고 있질 않은가? 놀란 가슴을 안고 멍하니 그 모습을 쳐다보다가 문득 정신을 차리고 얼른 짐을 받아들고 인사를 하였다.

"먼 길 오시느라 고생이 많으셨습니다. 유정 스님, 저는 휴정 큰스님을 모시고 있는 시자이옵니다. 얼른 짐을 저에게 주십시오."

"아니, 내가 오는지 어떻게 알고 이렇게 왔단 말인가?"

"큰스님의 분부가 있었습니다."

'과연. 헛된 소문이 아니었구나. 묘향산에서 이곳 금강산까지 달려온 속내를 다 내 보인 듯하니 서둘러야겠다.'

한 줄기 서늘한 기운이 등줄기를 타고 흐르는 가운데 마음 단속을 단단히 한 유정 스님이 장안사長安寺 절집 마당을 들어섰다. 멀리서 이를 지켜본 휴정 스님이 막 법당문을 나서려는데 인사할 틈도 주지 않은 채 유정 스님은 몸을 날려 공중을 날던 새를 잡아 쥐곤 말문을 열었다.

"큰스님, 제 손 안에 있는 새가 죽을까요, 살까요?"

"아이고, 오시느라 고생했습니다. 스님, 지금 제 발 한 쪽은 법당 안에 있고 한 쪽은 법당 밖에 있는데 내 몸이 나갈까요, 안 나갈까요? 허허허."

사실 질문자의 대답 여하에 따라 할 수도 있고 하지 않을 수

임진왜란의 화마를 뚫고 지켜낸 석가모니부처님의 진신사리를 모신 용연사 적멸보궁입니다.

도 있는 일인지라 여간 난처한 질문이 아닌 것이었다.

"그야 물론 나오시겠지요? 멀리서 온 객을 그냥 보내지는 않으실 것이니까요."

"과연. 그렇소이다. 어서 오시오."

"고맙습니다. 그런데 큰스님, 제 손에 든 새는 어떻게 되겠습니까?"

"불도를 닦는 부처님의 제자가 어찌 살생을 하겠습니까? 당연히 살아서 하늘을 힘차게 날겠지요."

세상에 나온 순서는 달라도 한참 달랐지만 도道의 대결에는 한 치의 양보가 없었다. 나이 어린 유정 스님의 당돌함 앞에서도 그 그릇의 크기를 본지라 휴정 스님은 기쁘기만 했다.

"큰스님, 묘향산의 유정이옵니다. 절 받으십시오. 스님을 꼭 뵙고 싶기도 하였고 그동안의 공부를 점검해 보고 싶기도 하여 이렇게 찾아왔습니다. 저의 상대가 되어 주십시오."

"물론입니다. 자 그럼 시작해 보시오."

용호상박 막상막하의 힘겨루기가 시작되었다. 먼저 유정 스님이 바늘이 가득 담긴 그릇을 짐 속에서 꺼내어 가만히 응시하자 그릇 속의 바늘이 모두 국수가닥으로 변했다. 참으로 놀랄 만한 일 앞에 크게 놀라지도 않던 휴정 스님은 시자를 시켜 그 국수가닥으로 국수를 말아오게 한 후 맛있게 먹고는 입 안에서 바늘을 뱉어내는 것이 아닌가. 그러나 이 모습을 본 유정 스님은 당연한 일이라 생각하고 다음 대결을 위해 계란을 꺼내어 조심스럽게 한 줄로 곧게 쌓아올리기 시작했다. 그런데 휴정 스님은 아무렇지도 않게 쌓아 올린 계란을 공중에서 쌓아 내리기 시작하였다. 이미 열세를 느낀 유정 스님이었으나 한 번 더 겨루어보기로 했다.

"큰스님의 도력이 대단하십니다. 그렇지만 이제는 안 될 것입니다. 제가 저 맑은 하늘에 먹구름을 뒤덮어 천둥 번개를 치게 하고 세찬 빗줄기를 내리게 할 것입니다."

말을 마친 유정 스님이 가만히 맑은 하늘을 응시하자 순식간에 하늘은 땅의 모든 것을 삼킬 듯한 기세로 변했다.

"과연. 훌륭하시오."

말은 그렇게 하나 모습은 아무렇지도 않으니 유정 스님의 속은 까맣게 타들어갔다.

"뭘요. 큰스님께서 이 비를 멈추게 함은 물론 하늘로 올려 보낼 것 아닙니까?"

"허허허. 벌써 들켜 버렸습니다 그려."

말문이 막혀버린 유정 스님의 눈앞에서는 믿지 못할 광경이 펼쳐지고 있었다. 휴정 스님이 합장을 한 채 하늘을 응시하자 그렇게 퍼붓던 비가 그치면서 내리던 빗방울은 눈부시게 아름다운 새가 되어 맑은 소리를 온 천지에 울리면서 하늘로 날아오르는 것이 아닌가.

"큰스님, 저의 무례를 용서하십시오. 그리고 부족한 몸이지만 만천하의 스승이신 스님의 제자가 되고 싶습니다. 부디 저를 받아주시고 법의 가르침을 주시옵소서."
"아닙니다. 저는 오늘 이 자리가 얼마나 기쁜지 모릅니다. 유정 스님과 같이 헤아릴 수 없이 큰 그릇의 스님이 부족한 저의 제자가 되겠다니 이 얼마나 즐거운 일이겠습니까? 꺼져가던 불씨가 살아날 일만 남았습니다. 하하하."

그렇게 서로를 알아본 두 사람은 서로를 보듬어 안고 앞에서 끌고 뒤에서 따르면서 불법을 이루어갔다. 성품이 비교적 온화했던 서산 휴정 스님이 남긴 여러 글 중 제자인 사명 유정 스님에게 전한 편지 글들을 보면 얼마나 제자를 사랑했는지 알 수 있어 마음 뭉클하게 한다. 시시콜콜 하나하나 지적하는 정성이 보통은 아니다. 그렇게 하였으면서도 또 부족하다 느꼈는지 별지까지 붙였다. 별지의 글을 잠시 옮겨본다.

"…… 그대 유정은 항상 계율을 힘써 지켜 해解와 행行에 어긋나지 않아야 하고 다른 사람의 허물을 말하지 말며 조정의 일은 논하지도 말며 외서外書를 보지 말며 삿된 행색을 보지 말며 달콤한 말을 듣지 말 것이로다. 이불과 베개가 있는 곳은 두려워해야 할 것이어늘 하물며 바깥사람이 있는 곳이겠는가. 아첨하고 희롱하는 웃음을 가까이 하지 말 것이로다. …… 총명과 지혜로 나를 높이지 말고 문자를 가려 남을 업신여기지 말 것이로다. 지극한 도에는 사람이 없고 또한 참된 진리에는 나란 존재가 없음이로다. 모름지기 항상 분수를 지키고 항상 허물을 살피되 정직함과 검소함으로 본체를 삼고 자비와 인내로 용用을 삼으며 흰 구름이 머무는 곳에 집을 삼아 물과 달과 소나무와 바람으로 마음을 아는 벗을 삼도록 할 것이로다. 그렇게 하면 거의 도인이 될 것이니……"

『서산대사어록西山大師語錄』 중

제자를 아끼고 사랑하는 도를 넘어 혹여 험한 세상에서 다칠까 신신당부하는 모습이 아흔의 노모가 칠순의 아들에게 "차 조심하라."고 당부하는 것과 같다. 부러울 뿐이다. 이런 스승을 둔 제자가 어찌 큰일을 도모하지 않겠는가! 용연사에서 문득 사제의 정을 보았다. 스승이 남긴 부탁을 이루기 위해 사리탑을 정성스럽게 세운 사명 스님의 제자 청진 스님까지.

계곡 물이 흩어지지 못하도록 잡아라

팔공산 파계사

"내가 지난밤에 숭례문 근처에서 청룡이 승천하는 꿈을 꾸었다. 참으로 이상하지 않느냐? 당장 숭례문 근처로 나가 살펴보고 오도록 하여라."

"네. 당장 분부 받잡겠사옵니다."

어명을 받은 내관은 숭례문 근처로 나가 여기저기 살피다가 행색은 비록 남루하여 볼품이 없으나 눈빛이 예사롭지 않고 행동거지 또한 기품이 있어 보이는 늙은이를 붙들어 임금이 있는 궁으로 데리고 왔다.

"그래, 그대의 이름이 무엇이냐?"

"네. 용파龍波라고 하옵니다."

"용파라. 그래 '용 용龍'자를 쓰느냐?"

"그러하옵니다."

범상치 않은 모습에다 '용'자 이름을 쓰는 것이 꿈과 관련이 있는 듯하여 숙종은 용파의 내력을 상세하게 물었다.

"그래, 그대는 어디에서 살고 있으며 무슨 일을 하는 인물인고? 하나 거짓 없이 샅샅이 아뢰도록 하여라."

'승려의 신분을 속이고 한양으로 몰래 들어와 온갖 험한 일을 하면서 보낸 3년의 세월이 헛되지는 않겠구나. 드디어 기회가 왔으니 내 임금에게 모든 것을 다 털어 놓으리라.'

혼잣말을 하던 용파 스님은 입을 열기 시작했다.

"소인은 경상도 땅 파계사把溪寺에서 올라 온 중이옵니다."

"도성 출입이 금지되어 있는 몸이 어찌하여 도성 내에 머무르고 있다는 말이냐? 그 연유를 소상히 아뢰도록 하여라."

"감히 아뢰옵니다. 선대 임금께서 도성 중의 염불소念佛所를 폐지하시고 도첩(度牒, 승려 허가증)의 법을 정지하시어 도첩이 없는 중은 모두 부역과 군역으로 몰아넣으시더니 급기야는 도성 출입을 금하기까지 하였습니다.

저 유자儒者들은 불교는 천륜을 끊고 출가하는 것이 아비도 없고 임금도 없는 것처럼 하니 강상綱常의 법을 파멸시켜 인심人心을 어지럽힌다 하였습니다. 또 염불하고 참선하는 수행을 보고 손을 놀리지 않고 놀고먹으면서 부세를 도피하고 백성들의 재물을 좀먹는 악행을 일삼는다 하면서 무엇인가 일을 시키지 않으면 안 된다고 나라에 거듭 상소하였습니다.

그로부터 나라에서는 종이를 만들고 기름을 짜며 신주와 위패를 만드는 데 쓰이는 밤나무를 키우고 짚신을 만들라는 등 온갖 잡다한 것들을 만들고 구해 진상하라 하고 거기다가 여러 가지 잡역을 부가하고 있으니 도저히 감당할 수가 없습니다. 나라에서 이러하니 관가나 유자들까지도 사사로이 사용되는 족보용 종이나 잔치 음식까지 만들어 오라 하니 견디는 자 몇이겠습니까? 이러한 일이 계속된다면 이 나라를 지탱하여 줄 정신은 사라질 것이며 큰 인물을 얻기 어려울 것입니다.

소승이 나름 이 문제를 해결하고자 관청에 나가 거듭 호소도 해 보았으나 효력이 없었습니다. 그래서 '부처님의 가피가 아니면 안 되겠다.'고 생각하고 남해 거제도 땅으로 들어가 홀로 백일을 기약하고 기도를 하기로 하였습니다. '내 들어갈 때에는 배를 타고 들어가나 기도를 마치고 나올 때는 물로 걸어 나올 것이다. 내 죽더라도 힘을 얻지 않고는 나오지 않으리라.' 작정을 하고 들어가 백일기도를 마쳤습니다. 먹을 것도 떨어지고 신력을 얻은 것 같지도 않아 포기할까도 생각했지만 그럴 수 없어 더욱 정진하였더니 어느 날 한 노인이 나타나 "바닷가에 내려가면 석화石花가 있을 것이니 우선 그것을 먹으라."고 하였습니다. 혹시나 하여 가 봤더니 과연 돌 사이에 꽃이 허옇게 핀 것이 있어 그것을 깨뜨려 먹으니 속이 든든하였습니다. 3일 동안 석화만을 먹고 지내다가 태풍이

온 바다를 삼킬 것 같은 밤을 보내고 바닷가에 나가보았더니 배 한 척이 있고 그 위에 쌀과 소금이 있었습니다. 부처님 말씀에 "주지 않는 것은 갖지 말라." 하였으므로 석화만을 먹고 올라오니 그 노인이 다시 나타나 "그것은 주인이 없는 것이니 먹어도 된다."고 하여 그것을 가져다 먹고 용맹정진하기를 1년, 드디어 신통을 얻어 정말로 나올 때는 물위를 걸어 나왔습니다. 소승의 그런 모습을 보고 사람들이 "용이 파도를 타고 오는 것과 같다."고 하여 용파라 부르기 시작했습니다.

육지로 나온 소승은 그 길로 봉두난발의 행색을 하고 한양 땅으로 들어와 신분을 속이고 온갖 험한 일을 자청하며 3년을 지냈는데 좀처럼 기회가 오지 않았습니다. 마침내 결심하기를 '나의 힘이 아직 부족하니 내려가 더욱 수행정진修行精進하여 다음 기회를 얻기로 하자.' 하고 어제 숭례문 근처 봉놋방에서 마지막 밤을 보내고 오늘 길을 떠나려다 여기까지 오게 되었습니다."

"그대의 정성이 참으로 지극하여 이런 신통한 일이 일어났구나. 그간의 일들을 상세히 조사하여 진위 여부를 가려 시정하도록 할 것이니 걱정하지 말라. 그건 그렇고, 그대의 그 능력으로 나에게 장차 조선을 이끌 큰 임금이 될 인물을 얻게 해 줄 수 있겠느냐?"

"인간의 힘으로 이루기 힘든 일이라도 부처님전에 정성을 들이면 이루지 못할 일이 없습니다. 다만 저의 혼자 힘으로 무한한 복덕과 지혜가 있어야 얻을 수 있는 왕손의 탄생을 이루기는 어려울 것 같사오니 저 삼각산三角山 금선암金仙庵에서 기도 중인 농산聾山 스님과 함께 기도하게 해 주시옵소서."

"그리하도록 하여라."

궁을 나온 용파 스님의 고민은 이만저만이 아니었다. 임금의 성은을 입어 장차 나라 안의 절집이 편안해질 것이니 이 특별한 청을 꼭 이룰 수 있게 해 주고 싶었기 때문이었다. 간절한 마음으로 붓을 든 용파 스님은 농산 스님에게 그간 일의 자초지종을 적고 간곡하게 청하였다.

"농산 스님, 임금께서 원하시는 이 일을 위해 함께 기도하지 않겠는가? 우리가 힘을 하나로 모은다면 못 이룰 일이 어디 있겠는가. 각각 3백일을 작정하고 기도하도록 하세. 스님의 생각은 어떠한가?"

농산 스님의 답을 듣고 용파 스님은 수락산水落山 내원암內院庵에서, 농산 스님은 기도 중이던 삼각산 금선암에서 3백일을 작정으로 기도를 시작했다. 기도를 드리던 어느 날 선정에 들어 혜안으로 살펴보니 임금에게서는 왕자의 탄생을 보기가 힘들 것 같았다. 이 사실을 알게 된 용파 스님은 농산 스님에게 또 다른 제안을 했다.

"우리가 아무리 기도를 드려도 임금에게서 왕자의 탄생을 보기는 어려울 듯하네. 그래서 하는 말인데, 스님이 몸을 바꾸어 궁중에 전생轉生함이 어떠하겠는가? 내가 해야 할 일이나 벌려놓은 일이 너무 많아 아직 때가 아닌 듯하여 하는 부탁이니 부디 거절하지 말아주오."

"임금의 성은을 함께 받은 몸이니 말세의 불법을 위해 내가 그 일을 하도록 하겠소."

농산 스님의 답을 들은 용파 스님은 기도를 무사히 마치고 회향하였다. 그러던 어느 날 밤 숙빈 최씨는 산승이 처소의 문을 열고 들어오는 꿈을 꾸었다.

"소승은 삼각산 금선암에서 임금을 위해 기도하던 중이옵니다. 용파 스님의 권유로 임금의 대를 잇고자 왔사오니 부디 거두어 주시옵소서."

참으로 이상한 일이라 생각되어 임금께 아뢰었다. 임금이 삼각산 금선암으로 사람을 보내어 알아보니 과연 기도를 마친 농산 스님이 열반에 들었다고 전해왔으므로 임금은 쌀과 비용을 내려 장례를 돕도록 명하였다. 그 후 숙빈 최씨에게 태기가 있어 그 다음 해 왕손의 탄생을 보게 되었는데 이분이 바로 조선 21대 임금인 영조다.

"내 그대의 기도 덕으로 이렇게 기쁜 일을 보았네. 그래서 후한 상을 내릴 것이로다. 지금부터 파계사를 둘러싸고 40리에 걸쳐 나라에서 거두어들이던 세금을 모두 절집에서 거두어들이도록 하라. 그리고 내 그대를 이제 현응玄應이라 부를 것이로다."

후한 상과 시호까지 받은 용파 스님은 가만히 엎드려 듣고 있다가 입을 열었다.

"성은이 망극하옵니다. 소승은 마땅히 할 일을 했을 뿐인데 나라의 세금을 사사로이 거두어 쓰는 것은 적합하지 않은 듯합니다. 대신 선대 임금의 위패를 모시도록 허락하여 주시옵소서."

"정녕 그것이 그대가 원하는 것이냐? 그러면 내 그리 하도록 명하노라."

▩이와 유사한 이야기가 삼각산 금선사에 전해져 오고 있는데 19대 숙종과 21대 영조의 탄생비화가 아니라 22대 정조와 23대 순조의 탄생비화로 둔갑하여 있다. 절집 설화에 관심을 가지면서 알게 된 사실이지만 유사한 이야기들이 서로 얽혀 각 절집만의 설화로 새롭게 구성되어 전해져 오는 경우가 많다는 것이었다. 특히 왕손의 탄생이나 왕가의 치병과 관련된 신비한 이야기들이 그러한데, 이는 아마도 지속적인 억불정책으로 어려워진 절집 살림살이를 왕실이나 세력가들과 어떤 식으로든 연관을 맺어 타파하려는 의도가 아니었나 싶기도 하다. 그렇지만 사실 억불정책이 유독 강화되었던 왕조

대에도 왕실과 불교계는 다양한 방법으로 관계가 지속되고 있었고, 그를 바탕으로 절집 살림을 꾸려갔던 것도 사실이다. 파계사의 경우도 1979년 파계사 관음불상의 개금불사를 하던 중 영조 8년(1732) 왕비 정성왕후 달성 서씨가 하사한 영조 어의가 복장 유물로 나와 영조가 자신의 탄생과 관련한 이야기를 듣고 파계사를 원찰로 삼았다는 사실을 뒷받침해 주고 있다.

하얀 목련이 절집 마당을 그늘 지울 때 파계사를 찾았다. 절 주변의 계곡에서 흐르는 9개의 물줄기를 흩어지지 않게 잡아 모은다는 뜻의 이름을 가진 파계사는 대구 팔공산 자락에 있는 절집이다. 혼자 훌쩍 떠난 여행이라 시간 가는 줄 모르고 여기저기 돌아다니다가 절집 마당에 어둠이 깔린 것을 보고 놀라 관음보살님께 돌아간다는 인사도 드리지 못한 채 뛰쳐나왔다. 배가 많이 고팠던 탓에 동대구역 2층 식당가에 있는, 내가 정말 좋아하는 국수집에서 맛난 국수를 먹고 커피 한잔 손에 쥐고 기차에 올랐다. 잠시 눈을 감고 숨을 돌린다는 것이 그만 수면 삼매에 빠졌던 모양이다. 도착한 줄도 몰랐으니 말이다. 어떤 느낌에 갑자기 눈을 떠보니 마지막 사람이 통로를 빠져 나가고 있었고 커피는 차갑게 식어 얌전히 탁자 위에 놓여 있었다. 나이 탓인지 체력이 바닥난 탓인지 도대체 알 수 없는 마음을 안

계곡의 물줄기를 흩어지지 않게 잡아 모은다는 뜻의 파계사에 목련이 흐드러지게 피었습니다.

팔공산 파계사에는 관세음보살님과 함께 용파 스님의 선견의 지혜를 엿볼 수 있는 기영각이 있습니다.

고 손에는 차갑게 식은 커피를 들고 그렇게 역을 빠져나왔다.

파계사는 신라 애장왕 5년(804) 심지心地 스님에 의해 창건되었다. 조선 전기까지 이렇다 할 연혁이 보이지 않다가 선조 38년(1605)에 계관戒寬 스님이 중창하였으며 그 후 숙종 21년(1695) 현응玄應 스님이 삼창을 하였다는 기록이 보인다. 파계사의 삼창 불사가 있었던 배경에 숙종과 용파 스님의 특별한 인연 이야기가 전해져 오고 있어 서두에 나름 각색해 보았다.

파계사에 왕조의 위패를 모시게 해 달라는 용파 스님의 청은 받아들여져 숙종 22년(1696) 파계사에 기영각祈永閣이 건립되어 선대 임금의 위패를 모시게 되었다. 기영각이 건립됨으로써 지방 유생들의 온갖 횡포로부터 당당하게 절집을 지킬 수 있었다고 하니 용파 스님의 선견 지혜에 고개를 숙인다. 배불이다, 척불이다, 조선조 내내 불교가 탄압 받는 역사 속에서도 정법을 옹호하고 귀천을 가리지 않는 적극적인 포교활동으로 불교를 부흥시키고자 했던 스님들의 노력이 지금의 한국불교 존재의 절대 이유이다. 귀의승보!

파계사는 여느 절집과는 달리 대웅전이 없다. 주불을 관세음보살님으로 모시고 있기 때문에 원통전圓通殿*이 중심 전각으로 자리하고 있다. 세상의 모든 소리 헤아려 보시는 관세음觀世音 보살님은 32가지로 몸을 바꾸어 위험한 지경에 빠진 중생들에게 빛의 속도로 손을 내밀어 구제하신다. "힘들고 외로우십니까? 그렇다면 관세음보살님의 넓은 품을 비빌 언덕 삼아 좀 편하고 든든한 맘으로 힘든 시기 넘기시기를 원합니다." 나무 관세음보살마하살!

* 관세음보살님을 주불로 모시면 그 전각을 원통전이라 부른다. 그리고 절집에는 대웅전이 아닌 원통전이 중심 전각이 된다. 만약 석가모니부처님이 주불로 모셔지는 대웅전大雄殿이 있다면 원통전이라 하지 않고 관음전觀音殿이라 부르며 부속 전각이 된다.

환희심에 춤이 절로 나오는구나

불령산 수도암

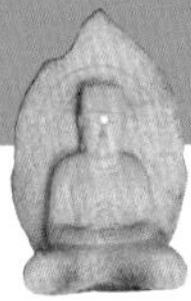

'내 일찍이 지리와 음양을 공부하여 이 좋은 터를 보았으니 환희심에 춤이 절로 나오는구나. 옥녀가 베틀에 앉아 비단을 짜는 형상인 옥녀직금형玉女織錦形이라. 수행처로 이만한 곳이 어디 있으며 인재를 기르기에 또 이만한 곳이 어디 있을까? 이곳에 탑 두 개를 세워 베틀의 기둥으로 삼고 옥녀가 비단을 짜는 자리에는 법당을 앉혀야겠구나. 수많은 수도승들이 이곳을 수행처로 삼을 것이니 내 어찌 불사에 전력하지 않겠는가?'

"정녕 옮길 방도가 없겠는가?"

"여러 가지를 생각하고 있으나 높이가 7척이요 대좌의 높이만 해도 4척에 가까우니 쉽지만은 않을 듯합니다."

"허참, 큰일이군. 그러나 절집일은 걱정이 없네. 불보살님들의 지혜가 있고 그 지혜를 실천하시는 신장님들이 계시지 않은가."

불사가 원만히 마무리되어 갈 즈음 대적광전大寂光殿에 모실 석조비로자나불좌상石造毘盧遮那佛坐像을 조성하였으나 워낙 크고 무거웠으므로 법당까지 운반하여 모실 방법을 찾지 못해 도선道詵 스님과 대중은 여간 걱정이 아니었다.

"스님, 무엇이 문제겠습니까? 이 늙은이가 지고 가지요."

"아니 될 말씀입니다. 젊은 사람들도 이러고 있는데."

"어허, 내가 지고 간다면 지고 갑니다. 길이나 비켜서시오."

걱정이 계속되던 어느 날 불현듯 노승 한 분이 나타나 그 무거운 불상을 당신이 지고 가겠다고 고집을 부리고 있었다. 아무리 말려도 소용이 없었다. 몸은 비록 나이가 들어 힘이 없어 보였지만 그 눈빛하며 목소리가 예사롭지 않다고 생각한 도선 스님은 정중하게 부탁드렸다.

"그러면 저희들의 걱정을 덜어주십시오."

"암 그러셔야지요."

거대한 불상을 거뜬히 등에 지고 길을 나서는 노승을 보고 모두들 얼마나 놀랐는지 모른다. 등에 그 무거운 불상을 지고도 걸음걸이는 사뿐거릴 뿐이었다. 그런데 절에 거의 다다를 무렵 칡넝쿨에 발이 걸려 넘어진 듯하였다.

"아이고, 큰일입니다. 어서 가봅시다."

대중이 가까이 가자 갑자기 불호령 소리가 들려왔다.

“네 이놈. 불령산佛靈山 산신은 썩 나오지 못할까. 오늘이 어떤 날인데 칡넝쿨에 내 발이 걸려 넘어지게 하느냐.”

“아이고 죽을죄를 지었습니다. 지금 곧 말끔히 치우도록 하겠습니다.”

호통소리에 놀라 나타난 산신령은 순식간에 칡넝쿨을 치우고 길을 닦아 무사히 불상을 운반하여 모시도록 하였다. 법당에 비로자나불을 안치시킨 대중이 그때서야 노승을 찾았으나 어디에서도 보이지 않자 도선 스님에게 이를 보고하였다.

“아마도 찾을 수 없을 것이네. 불보살님의 도움이 이 일을 무사히 마치게 했으니 말일세. 지심귀명례至心歸命禮! 지극한 마음으로 목숨을 바쳐 귀의하고 예배하옵니다.”

불령산佛靈山 자락에 청암사青巖寺를 창건하고 자신의 수행처를 찾던 도선 스님은 지금의 수도암이 있는 터를 발견하고 환희심에 7일 동안 춤을 추었다고 한다. 그 마음에 기쁨이 얼마나 컸으면 그랬을까 싶다. 그 뒤로도 수도승들의 수행처로 유명하였다 하나 자세한 연혁은 전해지지 않고 있다.

발 아래 수직으로 보이는 길을 아찔아찔한 기분으로 오르다 보면 불령산 깊은 골에 수도암修道庵이 자리하고 있다. 산은 높고 골은 깊어 여름이 없는 곳이라 하니 한 겨울의 수도암을 찾아가는 길이 어떨지 주절주절 늘어놓으면 사족이다.

수도암 절집 마당에 서니 저 멀리 가야산 연화봉이 눈에 들어오네요.

눈이 발목까지 차오르던 겨울 어느 날 가슴에 병을 안고 매 순간 두려운 마음과 싸워야 했을 언니와 그런 일은 꿈에도 모른 채 오직 한 가지, 삼천배에 집착하고 있던 내가 함께 수도암을 찾았다. 인연의 끌림이었는지 그즈음 유난히 유명하다는 기도처 이리저리로 기도를 다녔었다. 둘이서. "기도처로 그만한 곳이 없다."는 이야기를 듣고 그날도 그렇게 길을 나섰던 것인데 길이 험하다는 소리는 흘려들었나 보다. 눈 쌓인 길이 응달진 곳에서 빙판이 되어버린 길을 따라 거의 기다시피 도착한 수도암은 우릴 배신하지 않았다. 확 트인 시야 속으로 눈 덮인 가야산 연화봉이 보이고 대적광전과 약광전藥光殿의 부처님은

도선 스님이 절집 터를 발견하고 환희심에 춤을 추었던 곳이 어디쯤일까나?

절로 엎드려 기도하게 만들었다.

내가 처음으로 삼천배의 맛을 보았던 곳은 남해 보리암菩提庵이었다. 주위에서 조언하기를 "처음 삼천배를 할 때는 한꺼번에 하지 말고 하루에 천 배씩 3일에 나누어 하는 것이 무리도 없고 초심자가 절에 질리지도 않는다."는 것이었다. 남해 보리암에서 하루에 천 배씩 3일을 하고 4일째 기도 회향을 한 것이 나의 삼천배 첫 경험이었다. 말만 들었던 삼천배의 맛을 보고 나니 환희심은 둘째 치고 아상, 인상, 중생상 등 만들 수 있는 상이란 상은 다 만들고 마음은 하늘 높은 줄 모르게 우쭐거렸다. 절을 하고 하심下心해야 하는데 오히려 상상심上上心을 했으니 잘못되어도 한참 잘못된 것이었을 턴데 그렇지 않았다. 초발심이 만든 상이어선지 신심의 기폭제가 되었나 보다. 지금 되돌아보아도 절이든 기도든 그때만큼 순수한 열정으로 임했던 적은 없었으니 말이다.

저녁예불을 마치고 작정한 삼천배를 시작하였다. '그래 이제는 쉬지 않고 계속해서 한 번에 끝내기로 하자.' 아무도 없는 법당에 둘만 남아 겁 없이 천주千珠 한 알을 돌렸다. 천주의 알이 하나씩 돌때마다 내 몸은 굳어가고 내 마음은 지옥이 따로 없었다. '아니 이게 아니잖아! 도대체 내가 왜 이 짓을 하고 있는 거야!' 복잡하기만 하고 거칠어지기만 했다. 그러나 잠시 후 그 순간이 지나자 급기야는 굳어가는 몸도 없고 지옥 같은 마음도 없이 아무 생각이 없는 지경에 이르자 천주가 세 번 돌고 마지막 한 알이 내 손가락에 걸려 있었다. '끝났다!' 염주를 법당 바닥에 내던지고 문을 열고 밖으로 나왔다. 그러나 이미 나는 내가 아니었다. '그래 이것 때문이구나. 이것 때문에 고통을 참아내는구나.' 몸은 몸서리가 쳐지나 정신은 맑을 대로 맑았고 하늘엔 새벽별이 유난히 반짝이는데 마당엔 아무도 밟지 않은 눈이 무엇이든지 그려도 된다는 듯이 쌓여 있었다. 찰나에 나와 사물이 하나가 되는 순간이었다. 전생의 공부가 깊었다면 아마 그 순간 난 깨달았을 것이다.

조심스럽게 쌓인 눈을 밟고 계단을 내려와 물 한 모금 마시

무게만큼이나 신비한 이야기를 담고 있는 석조비로자나불좌상입니다.

고 법당으로 들어가니 언니도 절을 마치고 앉아 있었다. 지금 생각하면 언니가 얼마나 간절한 마음으로 기도를 했을까 싶다. 그 간절한 마음을 어리석고 이기적인 동생은 알지도 못했지만 부처님만은 알아주셨는지 모두들 희망이 없다고 했지만 기적처럼 완쾌되어 지금은 누구보다도 건강한 모습으로 살고 있다. 20년이 다 되어가는 참 옛날일이다.

얼마 전 수도암을 다시 찾고는 깜짝 놀랐다. 많은 불사가 있었는지 새로운 전각들이 많이 보이고 예전의 한가롭고 고즈넉했던 모습은 찾아볼 수 없었다. 세속의 살림집도 세월이 지나면 칸 수도 늘려야 하고 모습도 변해야 하듯이 절집도 세월이 변함에 따라 변해야 하겠지만 늘 아쉬움이 남는다. 십년이 지나고 이십년이 지나서 찾아가도 그대로여서 그 속에서 위안을 얻을 수 있다면 얼마나 좋을까? 부처님께서도 무상을 말씀하셨으니 변하는 것이 진리인데 나의 과한 욕심이 부른 억지다.

그래도 대적광전의 비로자나부처님이나 약광전의 약사여래는 그대로 계시니 안심이다.

비로자나부처님은 관념의 불법을 형상화하고 인격화한 것으로 법신불法身佛이라고 한다. 진리는 하나임을 상징하는 지권인智拳印 수인을 하고 계시니 비교적 찾기 쉽다. 수도암 약광전의 약사여래는 아픈 사람들에게 기도의 영험이 증명되어 기도하는 사람들의 신심을 돈독하게 한다. 머리에 보관을 쓰고 있는 모습으로 보아 불상이라기보다는 보살상이라고 봐야 할 텐데 이름은 그렇지가 않다. 불상이면 어떻고 보살상이면 어떠랴! "형상은 허망한 것이니 형상으로 나를 보지 않으면 곧 나를 본 것이니라." 부처님께서 말씀하셨다.

머리에 관을 쓰고 계신데 약사여래 좌상이라고 하네요? 제대로 된 이름을 찾아드려야 할 텐데…….

복숭아꽃 오얏꽃이 활짝 피었구나

태조산 도리사

"눈 속에 꽃이 만발하니 눈이 부시구나. 아직 정하지 못하고 있었는데 이름을 도리사桃李寺로 해야겠다."

"도리사라, 걸맞게 잘 지었진 듯합니다."

얼마 전 모례毛禮 장자의 도움으로 불사를 마친 아도阿道 스님과 시자는 서라벌로 나들이를 다녀오는 길이었다.

"내 지난 일이 주마등처럼 지나가는구나. 처음 신라 땅을 밟았을 때의 그 막막함이란 어찌 말로 다 하겠느냐. 다행히 전생 인연의 끈이 이어져 모례 장자가 나를 거두었으니 오늘이 있구나."

"자세히는 알지 못하오나 모례 장자께서도 행색은 남루하였으나 예사롭지 않은 기운이 감도는지라 내칠 수가 없었다고 하였습니다."

"먼 고구려 땅에서 이곳까지 오는 것도 쉬운 일은 아니었는데 더군다나 불법이라면 '불佛'자도 모르는 곳에서 불법을 펼치고자 했으니 그 막막함이란 말하지 않아도 알 것이다. 하지만 '세속 사람들을 불쌍히 여기고 그들의 안락을 위해서 유행遊行하라.'는 부처님의 말씀을 따라 이 길을 선택하였으니 후회는 없다. 그리고 내가 해야 할 일은 한 듯하니 더욱 그렇구나. 얼마 지나지 않으면 이곳 신라 땅에도 불법을 뿌리내리기 위하여 제 몸을 바치는 자의 성스러운 죽음이 있을 것이다. 그로 인해 부처님의 가르침은 널리 퍼질 것이니 말이다."

"그때가 언제이옵니까?"

"부처님께서 찾아내신 진리를 널리 펼쳐 보이며 원만하면서도 맑고 청정한 행을 가르치다 보면 그때가 올 것이다."

"어서 빨리 이곳 신라 땅에도 그때가 오기를 원하옵니다."

신라는 삼국 중 가장 늦은 시기에 불교가 전래되었다. 지리적인 이유도 있었겠지만 유독 민간 습속이 강하게 남아 있기도 했기 때문이다.

법흥왕法興王 15년(527) 신라에 불교가 공식적으로 인정되기 전 신라 땅에 불교를 전파하기 위해 고구려의 승려 아도는 국경을 넘어왔다. 전법의 의지만으로 포교가 이루어질 수는 없는 법이다. 세상은 전에 보지 못하던 것이라 하여 꺼리고 심지어 아도 스님을 죽이려고까지 하였으니, 쫓기는 몸이 된 아도 스님은 그가 전법지로 택한 일선군一善郡의 부자 모례 장자의 집을 찾아들었다.

"누구신데 제 집을 찾으셨습니까?"

하고 있는 행색과는 달리 눈빛이 예사롭지 않고 용모가 준수한 낯선 이가 자신의 집으로 들어오는 것을 본 모례 장자는 경계의 눈빛을 거둘 수가 없었다.

"저는 묵호자墨胡子라는 고구려의 승려입니다. 부처님의 가르침을 전파하기 위해 왔으나 아직은 때가 일러서인지 쫓기는 몸이 되었습니다. 부디 저를 내치지 말아 주십시오."

일단 자신의 이름을 숨기고 몸을 의탁하기로 한 아도 스님은 간곡한 부탁과 함께 짧게 부처님의 법을 모례 장자에게 설하였다. 묵호자의 불법에 관한 설명이 쉽게 납득이 가지 않았으나 전생의 인연이 있었던지 자신의 집에 굴실窟室을 만들어 머무르게 하였다. 묵호자가 된 아도 스님은 낮에는 장자의 집안일을 거들면서 지내다가 밤이면 몰래 불법을 설하였다. 그 세월이 3년이 지나던 해에 나라에 걱정거리가 생겼다.

"도대체 이 물건은 어디에 사용되는 것인가?"

중국의 사신으로부터 의복류와 향을 전해 받은 왕과 군신들은 도무지 그 이름도 용도도 알 수 없는 물건을 앞에 놓고 큰 고민에 빠졌다.

"온 나라 안을 뒤져서라도 이름과 사용법을 아는 이를 찾아 내도록 하여라."

신하들은 왕의 명령에 따라 향을 들고 나라 안을 두루 돌아다니기 시작하였다. 이러한 사실은 일선군의 모례 장자의 집에 머무르고 있던 묵호자에게까지 알려졌다.

"그것은 향이라는 물건으로 불에 태우면 진한 향기를 풍깁니다. 그리고 그것은 신성한 존재에게 정성을 통하게 하는 데 쓰이는 물건입니다. 신성한 존재란 불佛, 법法, 승僧의 삼보를 말하는데, 그 향을 피워 원願을 세우면 반드시 영험이 있습니다."

때가 무르익었는지 그 일이 있은 후 공주가 병이 들어 몹시 위독한 상태가 되자 임금은 백방으로 수소문하여 공주를 구병케 하였으나 효험을 얻지 못했다. 결국 얼마 전 향의 이름과 용도를 일러준 일선군의 묵호자를 불러오게 하였다.

"공주마마의 병이 위독하오니 궁으로 들어와 구병케 하라는 왕의 명령을 받잡고 이리 왔습니다. 어서 길을 나서주십시오."

신라 땅에 불법을 펴기 위해 숨어 지내 온 세월이 이제 결실을 맺을 때가 온 듯하여 아도 스님은 서둘러 길을 나섰다. 궁에 도착한 스님은 공주가 누워 있는 방으로 들어가 향을 피우고 일심으로 기도를 드리기 시작하였다. 향내가 은은하게 퍼져 나가고 아도 스님의 염불소리가 차츰 그 끝을 맺을 즈음 공주는 스르르 눈을 뜨며 의식을 되찾았다.

"어찌 이리도 기이한 일이 있단 말이냐? 향이란 물건의 영험함과 너의 그 정성스러운 기도 덕분에 공주가 살아났구나. 네가 원하는 것이 있다면 모두 들어 줄 것이니 말해 보도록 하여라."

"황공하옵니다. 소승 사사로이 원하는 것은 없사오나 다만 불법을 모르는 이곳 신라 땅에 그 씨앗이라도 심을 수 있는 작은 공간을 마련해 주신다면 부처님의 가르침으로 백성을 교화하고 나라의 복을 비는 곳으로 만들고 싶습니다."

"흠. 내 너의 원하는 것을 들어 줄 것이로다. 다만 나라 사람들이 아직 들어보지 못한 일이니 그 시작은 검박해야 할 것이다."

아도 스님은 당시의 풍속대로 질박 검소하게 띠집을 지어 불전을 마련하고 부처님의 가르침을 펼치기 시작하였다. 아도 스님의 강설이 있을 때면 하늘에서 꽃비가 내려와 모두에게 환희심을 심어 주었으니, 불법의 수레바퀴가 힘차게 돌아 부디 이 땅에 부처님의 가르침이 널리 퍼질 수 있기를 원하면서 그 이름을 흥륜사興輪寺라 하였다. 그러나 오래지 않아 왕이 세상을 떠나자 세상의 인심이 변하여 나라 사람들이 아도 스님을 해치려 하자 다시 모례 장자의 집으로 돌아와 몸을 숨기고 살게 되었다.

"이제 여기를 떠나야 할 것 같습니다."

"아직 위험이 도사리고 있는데 어디를 가시려고 합니까?"

"나를 만나려거든 얼마 후 칡순이 내려올 것이니 그것을 따라 오시면 됩니다."

훌쩍 한마디를 남기고 아도 스님은 길을 떠났다. 그 해 겨울 엄동설한에 모례 장자의 집 문턱으로 칡순이 들어오는 기이한 일이 일어나자 모례 장자는 아도 스님이 남긴 말을 기억하고 그 줄기를 따라 올라갔다.

"아니, 이곳에 계셨습니까?"

"네. 잘 오셨습니다. 참으로 길지이지요? 내 이곳에 절집을 하나 만들까 합니다. 그러니 이 망태기에 곡식 두 말을 시주해 주십시오."

"어렵지 않은 일이니 내 그리하겠습니다."

망태기를 내 놓은 아도 스님을 향해 흔쾌히 허락한 모례 장자는 집으로 돌아와 망태기에 곡식을 채우려 하니 두 말이면 된다던 망태기인데 어찌된 일인지 아무리 곡식을 부어도 차지 않았다. 괴이한 일이라 생각한 모례 장자는 결국 자신의 재산 전부를 시주하여 절을 짓게 하였다. 도리사의 탄생이다.

복숭아꽃과 오얏꽃(자두꽃)의 절집이라 이름이 꽃 이름이니 얼마나 아기자기하게 이쁠까? 한낮 태양이 뜨거운 날 도리사를 찾았다. 절집이 가까워지자 수다를 접고 '신라 최초의 절집,

도리사의 일주문이 절집과는 먼 거리에 생뚱맞게 서 있습니다.

그리고 묵호자와 아도 스님', 아직 정리되지 않은 것들을 생각하던 중 이차선 도로 한 가운데 "해동최초가람성지태조산도리사海東最初伽藍聖地太祖山桃李寺"란 이름표를 달고 생뚱맞게 서 있는 일주문이 보였다. 사람이 작아서인지 나는 거대한 느낌이 드는 것들은 별로 좋아하지 않는다. 절집에 이르지도 않았는데 왠지 불안한 마음을 거둘 수가 없었다. 역시 "설선당說禪堂"과 "수선료修善寮"의 새로 지어진 이층 건물들이 앞을 가로 막고 서 있었다. 답답하였다. 터가 넓지 않아서인지 비탈진 산자락을 따라 구역을 나누어 전각들을 배치하고 있는 듯하니 다음 구역으로 올라가면 옛 모습을 간직한 전각들이 나올 법도 하였다. 그래서 스스로를 달래며 한 발 전진하였다.

도리사에 극락전極樂殿이 없었다면 얼마나 불편했을까? 작지만 이목구비가 또렷해 이쁜 여인처럼 다포양식의 끝을 한껏 뺀 팔작지붕이 아담하지만 조촐해 보이지 않는 모습이었다. 이웃하고 있는 태조선원太祖禪院과 모전석탑模塼石塔 양식의

아담한 극락전과 모전석탑 양식의 화엄석탑이 있어 정겨웠습니다.

화엄석탑이 그나마 옛 정취를 느끼게 해주니 얼마나 감사한지 몰랐다.

도리사는 우리나라 8대 적멸보궁 중 하나이다. 적멸보궁은 부처님의 진신사리를 모신 절을 말한다. 1977년 세존사리탑을 해체 보수하는 공사를 진행하던 중 금동육각사리함이 발견되었는데 그 속에 무색투명하고 둥근 사리 1과가 있었다고 한다. 그래서 1985년 절집 제일 높은 구역에 세존진신사리탑을 새로 만들어 사리를 안치시키고 그 앞에 배전拜殿인 적멸보궁을 지어 참배공간으로 삼았다고 한다. 적멸보궁을 둘러보고 모퉁이를 돌아서니 시원하게 펼쳐진 풍광이 답답했던 가슴을 한 번에 뚫어 주는 것 같아 한결 가벼운 걸음으로 계단을 내려왔다.

도리사 경내에서 마지막까지 배관拜觀을 남겨둔 것이 아도스님의 흉상이었다. 찬찬히 보고 싶었기 때문이다. 1976년 발견 당시는 석상이었다고 하는데 지금은 동상으로 탈바꿈되어

도리사 적멸보궁입니다. 부처님의 진신사리를 모시고 있는 적멸보궁은 법당 내에 불상이 모셔져 있지 않습니다. 그래서 유리창을 통해 사리탑을 보고 예배드립니다.

있었다. 그냥 그대로 놔둘 것이지 안타깝다. 살며시 내려 뜬 눈, 콧수염에 꽉 다문 입술, 어깨까지 흐를 듯한 귀 강단剛斷이 있어 보이는 모습이었다.

전하는 이야기에 따르면 아도 스님의 아버지는 위나라 사람 굴마崛摩였고 어머니는 고구려 사람 고도령高道寧이었다고 하는데, 아버지 굴마가 사신으로 고구려에 왔을 때 그의 어머니와 만나 아도 스님을 낳았다고 한다. 홀로 된 어머니 고도령은 다섯 살이 된 아들을 출가시키고 열여섯이 되던 해에는 아들이 그토록 궁금하게 생각해 오던 아버지에 대한 이야기를 해 주면서 아들을 위나라로 보냈다고 한다. 여기에는 그동안 만나지 못했던 부자상봉의 의미도 있었겠지만 더 넓은 곳에서 깊이 있는 공부를 시키고 싶은 어머니의 마음이 더 컸을 것이다. 위나라에 도착한 아도 스님은 아버지 굴마를 만나 못 다한 정을 나눈 후 곧장 현창화상玄彰和尙 문하에서 3년간 수학하고 열아홉에 고구려로 돌아왔다고 한다. 3년 만에 보는 아들이 얼마나 반가웠을까만은 내색조차 하지 않은 어머니 고도령은 아들에게 더 큰 일을 할 것을 권유하였다. 아직은 불법이 무엇인지 모르지만 앞으로 불법이 크게 흥할 신라 땅으로 가 불법을 전파하여 신라 불교의 개조開祖가 되라는 것이었다. 아도 스님 또한 어머니가 권하는 그 일이 얼마나 험난한 여정인지를 알았지만 그 말씀을 따라 신라 땅으로 와 죽을 고비를 넘기면서도 전력을 다하여 마침내 신라에 처음으로 불법을 전하는 인물이 되었다. 이 이야기를 따르자면 어머니 고도령과 아들 아도 두 모자가 우리나라의 불교 전파의 완성을 이루었다고 해도 무방할 것이다.

도리사를 창건하신 아도화상입니다. 신라로 불교를 전파하기 위해 고구려에서 오셨습니다.

적멸보궁 앞으로 시원하게 펼쳐진 풍광입니다.

사족을 하나 달자면, 실재하는 인물의 이야기이다 보니 실재성과 역사성에 얼마나 접근해야 하는가의 문제가 남았다. 여러 기록들을 보다 보면 아도란 인물의 정체가 애매모호하였다. 아도는 본래 천축인이었다고 하다가, 오나라 사람이라고도 하고 급기야 위와 고구려의 혼혈인이 되기도 하였다. 그리고 신라에 불법을 전하는 시기도 100년, 200년은 훌쩍 뛰어넘다 보니 묵호자와 아도는 동일인물이 아니라는 등, 또 어떤 기록에는 아버지 굴마와 어머니 고도령의 이야기는 창작일 뿐 실화가 아니라고도 하였다. 공부가 짧은 나로서는 도저히 종잡을 수 없어 도리사의 항목을 빼기로 하였다. 그러다 정리한 내용이 아까워 미련을 버리지 못하고 있었는데 목간통에서 "번쩍" 하고 생각의 가닥이 정리되었다. '이야기가 진실인지 아닌지 어느 나라 사람인지 동일인인지 아닌지가 뭐 그리 중요한가? 정확한 고증을 해야 하는 학술지도 아닌데 재미있으면 됐지 뭐가 문제될 것이 있겠는가? 다행히 일연一然 스님이 『삼국유사三國遺事』에 나름 정리해 놓으셨으니 그 가닥을 잡아 정리하자.' 그래서 도리사가 이 책에 존재할 수 있었다. 각설하고 도리사 여행에서 한 가지 얻은 것이라면 꼬인 것을 푸는 데는 비우는 것이 최선이라는 것이다.

* 5대 적멸보궁寂滅寶宮은 설악산 봉정암, 오대산 상원사, 사자산 법흥사, 함백산 정암사, 영축산 통도사이다.
* 8대 적멸보궁은 5대 적멸보궁에다가 선산 도리사, 비슬산 용연사, 고성 건봉사를 더한 것이다.

내생에 반드시 소생하라

능가산 내소사

"스님, 반드시 저를 도와 이 몸을 벗어나게 하여 주시옵소서."

"그러게 왜 악업을 쌓아 축생의 과보를 받았는가?"

"이제라도 스님께서 방법을 알려주신다면 한 치의 거짓 없이 따르겠습니다."

"살생을 일삼는 축생의 삶을 포기할 수 있겠는가?"

"해야 한다면 해야겠지요?"

"석달 열흘을 참고 내 시키는 대로 하겠는가? 먼저 산목숨을 죽여 배를 불려서는 안 되네. 특히 영물인 인간을 죽이는 일은 절대로 해서는 안 될 일이야. 반드시 죽어서 버려진 것들만을 먹되 굶지 않을 정도만 먹어야 하네. 내 그대의 전생을 보아 하니 악업을 쌓는 가운데 목숨을 걸고 불법을 수호한 크나 큰 선업을 이룬 듯하니 이 생이 헛되지 않을 것이네. 내 기꺼이 그대의 길잡이가 되어 줄 것이니 나를 따라 이 산중에 불사를 함께 이루어 내생을 기약하세나."

보름달이 온 산을 비추는 그 시각 윤회의 소용돌이를 벗어나고자 하는 호랑이와 전생의 인연인지 그 호랑이의 숙업을 풀어주려는 스님, 두 인연의 만남이 이루어지고 있었다.

"아이고 스님, 이 밤중에 왜 또 이리 나와 계십니까? 아무리 그래도 이 시각에 목수는 오지 않습니다. 그리고 기다리시려면 안에서 기다리십시오."

"네 이놈. 잠자코 있거라. 내가 목수를 기다리기는 하지만 이 밤중에 나와 있는 것은 저 백호혈白虎穴을 지키기 위해서니라."

스님의 말이 끝나기가 무섭게 커다란 호랑이가 포효하며 스님의 앞을 막아서더니 두 발을 들어 스님을 해치려 하였다.

"어허. 안 된다고 했지? 조금만 참고 기다리면 될 것을 참지 못하고 또 악의 인을 심으려 하는가? 숙업宿業을 벗어나는 일이 그리 쉬울 줄 알았는가?"

산중을 울리는 스님의 호령소리에 호랑이는 그만 두 발을 내리고 순한 양이 되어 어디론가 사라져버렸다. 이 광경을 지켜본 시자는 너무 놀란 나머지 자신의 두 눈을 의심할 뿐 꼼짝도 할 수 없었다.

"시자는 있느냐? 산문 밖을 나가면 누군가 있을 것이니 모시고 오도록 하여라."

"네에? 이 밤중에요?"

그날 그 무서운 광경을 목격한 시자는 큰스님의 법력을 익히 알았으니 시키는 일이라면 어김없이 하였으나 잠시 당황스럽기는 하였다. 어둠을 더듬어 산문 밖을 나가다 말고 얼마나 놀랐던지 발걸음도 뗄 수가 없었다. 노끈을 보고도 뱀으로 착각하여 두려움에 떤다는 어둠 속에 웬 기다란 물체가 문을 가로질러 누워 있는 것이 아닌가? 관세음보살님을 수없이 부르면서 가까이 가서 보니 사람이었다.

"아이고 놀래라. 도대체 뉘신데 이 밤에 이러고 계십니까? 혹 큰스님의 객이십니까? 그렇다면 짐을 저에게 주시고 어서 따라 오십시오. 바랑 속에 뭐가 들었기에 이렇게 무겁습니까?"

시자가 무슨 말을 물어도 입도 열지 않는 그 객을 큰스님은 반가이 맞았다.

"어서 오시게. 잘 참았네. 드디어 불사를 시작하게 되었으니 일을 잘 마무리하여 이 생의 종지부를 찍게나."

"명심하겠습니다."

다음날부터 말이 없던 그 객은 대웅전을 지을 나무를 찾아 기둥으로 쓸 것은 그것대로, 중방으로 쓰일 것은 또 그것대로, 서까래로 쓸 것은 그것대로 자르고 다듬는 일을 시작하였다. 그리고부터는 목침만한 크기로 나무를 자르기 시작했는데 하루 이틀을 지나 한 달 두 달까지도 묵묵히 그 일만 하고 있었다. 그 모습을 본 사람들은 그를 미쳤다고 수근거리기 시작했다. 시자는 스님에게 그 이상한 행동을 시시콜콜 아뢰었으나 흐뭇한 미소만 지을 뿐 말이 없었다. 그렇게 보낸 세월이 3년이었다. 참을성이라고는 찾아볼 수 없었던 시자가 그냥 보고만 있을 리 없었다.

"여보게 목수 양반, 세상에 3년이나 목침만 만들면 대웅전은 언제 올리려고 하는가? 아무리 큰스님께서 아무 말씀이 없으시다지만 어디 명 짧은 사람은 대웅전 구경이나 하고 죽겠는가? 나 원 참. 별일을 다 보겠네."

아무리 목소리를 높여도 무시하는 말을 해도 꿈쩍도 하지 않고 대꾸조차 하지 않는 목수가 미웠던 시자는 골려 주고 싶은 마음에 목침만한 나무덩이 하나를 슬그머니 감춰버렸다. 그리고 3일이 지나 꼬박 3년이 되는 날 목수는 대패를 던지고 그동안 쌓아두었던 목침만한 크기로 다듬은 나무들을 헤아리기 시작했다. 그런데 다 헤아리고 난 목수의 얼굴은 절망에 싸여 있고 눈에는 눈물이 흐르고 있었다.

"스님, 소인은 아직 대웅전을 지을 인연이 아닌가 봅니다."

"아니, 무슨 일이 있었기에 그러는가? 자세히 이야기해 보게."

"어떤 일이 있어도 흔들리지 않고 일심으로 작업을 하였는데 목침만한 크기로 잘라 다듬어 쌓아 두었던 나무덩이 하나가 부족합니다. 아직 저의 경계가 미치지 못하나 봅니다. 일을 그만두고 여기를 떠나겠습니다."

"그런 말은 말게. 그것으로 그대의 경계를 말하는 것은 아니니 계속 남아 대웅전을 완성하도록 하게."

이 모든 광경을 옆에서 지켜보던 시자는 얼마나 놀랐던지 말문이 막혀버렸다. 3년 동안 입 한 번 열지 않고 목침만 깎던 목수가 입을 연 것도 놀랄 일이지만 그 많은 것들 중 하나가 없어진 것을 어떻게 알았는지 몽매한 시자로서는 이해할 수 없는 일이었다. 이런 시자의 놀람과는 아무 상관없이 마음을 가다듬은 목수는 기둥을 세우고 중방을 걸고 하더니 순식간에 대웅전을 완성시켰다. 나무덩이 하나가 빠졌지만 문제될 것은 없었다. 분명 천상의 물건이 지상으로 잠시 내려왔을 것이다. 그렇지 않으면 그토록 아름다울 수 있을까? 말로는 형언할 수 없는 경지였다.

"정말로 고생했네. 이것은 인간의 솜씨가 아니라 신의 솜씨네. 자네가 해야 할 일은 다 하였네. 이제 화공을 불러 안팎을 화려하게 장식하는 일만 남았으니 그 일마저 잘 마무리하면 우리의 일도 끝나는구만."

이튿날 어디선가 화공이 와서 대웅전의 단청 작업을 시작하였다. 그런데 무슨 일인지 모르겠으나 절집 안에 금지령을 내려 대중의 궁금증을 자아내게 하였다.

"화공의 일이 끝날 때까지 어느 누구도 대웅전 안을 들여다

봐서는 안 되느니라. 만약 그러한 일이 일어나면 무서운 일이 생길 것이니 다들 조심하고 또 조심해야 할 것이야."

스님의 엄명이 있었으니 처음 얼마간은 숨을 죽이며 조심하던 대중들도 하루 이틀 한 달 두 달이 지나자 좀처럼 열리지 않는 대웅전 문 너머에서 무슨 일이 일어나는지 궁금해서 참을 수가 없었다. 그러나 대웅전 앞에는 목수가 아니면 스님이 지키고 계시니 어찌해 볼 방도가 없었다. 그러던 어느 날 시자는 목수가 지키고 있는 대웅전 앞으로 갔다.

"목수 양반, 큰스님께서 잠깐 보자고 하십니다. 얼른 다녀오십시오. 여기는 제가 지키고 있겠습니다."

대꾸도 없이 목수가 자리를 뜨자 시자는 좌우를 둘러본 후 재빠르게 대웅전 문틈으로 안을 들여다보았다. 참으로 희한한 일이 펼쳐지고 있었다. 분명 화공이 그림을 그리고 있어야 할 것인데 작은 파랑새가 입에 붓을 물고 이리저리 날아다니면서 그림을 그리고 있는 것이 아닌가?

'아니 이럴 수가. 어떻게 이런 일이 있을 수가 있지? 내가 잘못 봤나? 문을 열고 들어가 자세히 보자.'

시자가 살그머니 문을 열고 대웅전 안으로 발을 들여놓는 순간 어디선가 산을 울리는 무서운 호랑이의 울음소리가 들리고 파랑새는 붓을 떨어뜨리고 날아가 버렸다. 참을성이 없고 의심이 많은 어리석은 인간이 미완의 불전을 만드는 순간이었다. 놀란 시자가 정신을 차렸을 즈음 대웅전 앞에 죽어 있는 호랑이를 향해 스님은 눈물을 흘리며 법문을 하고 계셨다.

"그대 대호선사大虎禪師여! 아직 남은 인연을 다 맺지 못했는데 그대는 어디로 먼저 가 버렸는가? 그대가 남긴 대웅전은 그대의 숙업을 풀고 세세생생 법연法緣을 이으리라."

전라북도 부안 석포리 변산반도 남쪽에 있는 내소사來蘇寺는 볼거리도 이야깃거리도 풍성한 절집이다. 일주문에서 천왕문까지 이어지는 전나무 숲, 그리고 24개나 되는 기둥의 길이가 다 다르다는 빛바랜 누각 봉래루蓬萊樓, 거기다 아름다움으로는 전국의 순위를 다투는 대웅전과 그 누구에게도 소리를 들려주지 않다가 내소사 스님에게만 그 소리를 들려주어 이곳으로 오게 되었다는 고려동종, 그리고 또 민간의 뿌리 깊은 신앙의 대상인 당산나무까지. 전라북도 절집 여행을 계획하면서 내소사를 빼 놓을 바보가 있을까?

햇살이 제법 따가운 5월 한낮 내소사를 찾았다. 부안에서 내소사 행 버스가 수시로 다닌다고 해서 대중교통을 이용하기로 했다. 시골길을 농촌버스를 타고 달리는 것도 꽤 괜찮은 맛이라 주저 없이 선택했다. 낯선 곳이기도 했고 시내에 사람들도 많이 보이지 않아 정류장을 코앞에 두고 우왕좌왕이었다. 그런 고생쯤이야 시원하게 펼쳐지는 차창 밖 풍경으로 얼마든지 보상반을 수 있었다.

드디어 도착했다. 시원하게 뻗은 전나무 숲만 생각해서인지 멈칫 당황스런 일이 벌어졌다. 절집 입구에 생선 굽는 냄새가 진동을 해서 보니 줄지어 생선구이집이 있었다. 순간 길을 잘못 들어섰나 생각했지만 그렇지는 않았다. 불국토에 들어가는 그 직전까지 중생은 그 습을 버리지 못하나 보다. 무섭고 무서운 그 놈의 습習! 다행히 일주문을 넘어서니 세속의 찌든 때와 냄새를 싹 버리라는 듯 전나무향이 코를 찌른다. 고개를 들어 진하게 샤워하고 기분 좋게 걸었다. Don't Worry, Be Happy!

시집오실 때는 원근동遠近洞에서 인물이 제일 좋았다는 이야기를 전설처럼 하시는 유난히 곱게 늙으신 할머니! 딱 그 느낌이 내소사였다. 처음 마주한 봉래루의 깨끗한 민낯이 곱디곱다. 남원 실상사實相寺에서 시집올 때는 연지곤지 찍고 고와겠지? 지금은 세월의 색을 입어 품위까지 더했다. 완주 화암사花巖寺 우화루雨花樓에 뒤지지 않는 모습이었다. 좋다. 정말 좋다. 가만 동종을 먼저 볼까? 대웅전을 먼저 볼까? 볼거리마다 이야깃거리가 있으니 기분 좋은 고민에 빠질 수밖에 없었다.

그런데 내 눈에 들어 온 것은 그 어느 것도 아닌 당산나무였다. 마을 어귀에 서서 마을을 지키는 수호신으로, 또 오고가는 사람들의 희로애락을 함께 하던 그 당산나무가 절집 마당 한가운데 떡 하니 자리하고 있었다. 그것도 대웅전 석가모니 부처님과 맞짱이라도 뜨고 있는 듯 마주하고 있었다. 민간의 뿌리 깊은 신앙의 대상과 외래의 종교가 아무 문제없이 한집 살림을 하고 있는 기분 좋은 만남이었다. 세계평화의 진정한 본보기랄까?

나이가 950살이란다. 나무가 신성을 부여받는 것은 기껏 살아야 백년도 못사는 인간에 비해 기본 천년은 살기 때문이라는데, 말이 천년이지 그 숱한 세월을 견디면서 한 자리를 지키는 그 자체가 경이로움이다. 어느 답사객은 절집을 찾을 때면 부처님보다 먼저 묵묵히 한 자리에 서서 지난한 세월을 견뎌 온 돌탑에 간절히 인사드린다고 했다. 자고 일어나면 변해 있는 세상인심을 보면서 그 마음 조금은 이해할 수 있는 나이가 되었다.

삼존상三尊像이 양각되어 있는 고려동종은 보물 제277호이다. 고려 고종 9년(1222) 청림사종으로 주조되었으나 절집이

절집 마당에 떡하니 한자리 차지하고 있는 당산나무입니다.

24개의 기둥의 길이가 다 다르다는 빛바랜 누각 봉래루.

그 많은 인연을 물리치고 능가산 내소사 스님을 따라 왔다는 동종.

없어지면서 찾을 길이 없었는데 철종 4년(1853) 청림사터에서 우연히 발견되었다고 한다. 발견 당시 종소리가 나지 않아 누구든지 소리를 내는 사람이 가져가기로 했는데 내소사 스님이 종을 치자 비로소 아름다운 소리를 울려 이곳으로 옮겨왔다고 한다. 인연이란 이런 것을 두고 이르는 말인가 보다.

더 늦기 전에 아껴두었던 대웅보전, 그 고운 아름다움 속으로 빠져들어야 했다. 쇠못 하나 박지 않고 한 치의 오차도 없이 묵묵히 깎고 다듬은 나무들을 끼워 맞춰 만든 전각이다. 석가모니 부처님을 모시는 곳이니 그 정성 오죽했을까만은 안팎이 볼거리다. 천정의 화려한 단청 속에 파랑새가 그리다 만 부분은 어디쯤일까? 목침 하나만큼 공간이 비었다고 했는데, 어디지? 부처님전에 삼배례를 하고 뒤로 돌아 들어가 우리나라에 남아 있는 백의관음보살의 그림 중 가장 크다는 후불벽화도 봐야지? '박복한 중생이 미미한 전생 선업으로 이런 안복을 누리

군말이 필요 없는 명품 전각 대웅보전과 명품 전각에 걸맞는 문짝의 장식 꽃창살입니다.

포가 하나 빠져 있다고 하니 두 눈을 크게 뜨고 찾아보세요.
못 찾았나요? 마음의 눈[心眼]이 필요한 걸까요?

나 보다'라고 생각하니 감개무량이었다.

그러나 아직 멀었다. 문 밖의 감동이 남아 있으니 말이다. 꽃창살! 해바라기꽃, 연꽃, 국화꽃이 목수의 손끝에서 생명을 부여받아 그 아름다움을 맘껏 펼치고 있었으니 천상의 꽃밭이 바로 이런 모습일까 싶었다. 옛사람의 마음씀에 놀라지 않을 수 없는 일 한 가지가 나를 더욱 감동시켰다. 법당 안에서 꽃창살을 보면 꽃무늬 그림자가 보이지 않고 단정한 마름모꼴 살그림자만 정갈하게 비친다고 한다. 행여 기도 중 색에 마음을 빼앗길까 배려한 그 마음에 절로 삼배다. 예전의 화려한 단청은 세월의 색으로 갈아입어 품위를 더한 내소사 대웅보전은 호랑이의 화현이 빚어낸 걸작이었다. 보는 것 자체만으로 내생에 반드시 소생蘇生할 것이로다!

* 내소사는 대웅전을 대웅보전大雄寶殿으로 부르고 있다. 좀 더 규모가 크고 격을 높일 때 부르는 방법이나 석가모니 부처님을 주불로 모시는 것은 같다.

황금빛 까마귀가 나를 인도하였구나

금오산 향천사

'분명 한밤중인데 밖이 훤하니 무슨 일일까? 혹시 화마가?'

순간 놀란 스님이 방문을 열고 나가려다 보니 건너 의각義覺스님 방에서 나오는 빛이었다. 그 예사롭지 않은 빛에 멈칫했지만 금방 고개를 끄덕였다. 동쪽 먼 나라에서 오로지 불법을 공부하기 위해 오신 후로 그 수행의 모습은 늘 대중의 귀감이 되었기 때문이다.

'반야심경의 독송을 어미닭이 알을 품듯 하시더니 머지않아 한 소식을 전하겠구나.'

날이 밝자 어젯밤에 그런 일이 있었던가 싶게 대중은 법회 준비로 분주했다. 절집 안팎을 감싸고 있던 알 수 없는 신비로운 기운은 법회가 시작됨을 알리는 종소리와 함께 은은하게 퍼져나가 모여든 대중 속으로 파고들었다.

"지난밤에 늘 하던 대로 반야심경을 외우고 눈을 떠보니 사방 벽이 뚫린 듯 절집 마당의 끝까지 훤하게 비쳤습니다. 무슨 일인가 싶어 일어나 사방 벽을 만져보니 벽은 그대로였습니다. 문득 생각나는 것이 있어 다시 한번 경을 외우고 눈을 떠보니 똑같은 일이 펼쳐지고 있었습니다. 이는 분명 반야의 부사의한 묘용이라는 생각이 들었습니다."

이 말을 들은 대중들은 반신반의하는 마음에 서로의 얼굴을 쳐다보면서 알 수 없는 기운 속으로 빠져들고 있었다. 이때 어젯밤의 그 광경을 목격한 스님이 자리에서 일어나서 대중을 향해 입을 열었다.

"의각 스님의 말씀은 틀리지 않습니다. 제가 어젯밤 화마가 덮친 것 같은 밝은 빛에 놀라 밖을 내다보니 의각 스님의 방에서 뿜어 나오는 빛이었습니다."

이어 의각 스님은 대중을 향해 법문을 시작하였다.

"경전을 수지독송하는 공덕은 부처님께서 이미 말씀하셨습니다. 인간을 위난에서 구하는 것도, 지옥을 면하고 죽은 자를 되살리는 것도 인도환생人道還生하는 것도, 다 그 공덕에 해당한다고 볼 수 있습니다. 그러나 무엇보다도 으뜸인 것은 지혜의 완성을 이루어 대각의 경지에 오르게 하는 지름길이라는 것입니다. 부디 어떠한 경전이든지 수지하고 독송하여 해탈을 이루시길 발원합니다."

법회를 마친 의각 스님은 더 이상 지체할 것 없이 고국으로 돌아가 불법을 펼쳐야겠다고 생각했다. 그리하여 귀한 단향목을 구해 삼존불을 제작하고 과거 현재 미래를 상징하는 3,053구의 돌부처와 돌나한 60구를 만들어 배에 싣고 대중 포교의 장이 펼쳐질 땅을 향해 먼 여행을 시작하였다.

'가만 있자. 배 댈 곳을 찾아야겠구나.'

의각 스님과 불상을 실은 배가 닿을 곳을 찾으려는 순간 어디선가 은은한 종소리가 울려 퍼지는 것이 아닌가?

'그래 저곳이구나. 이 땅이 나를 품어 안으니 이제 길지를 찾아 불상을 봉안奉安하고 대중을 위해 불법을 펼칠 일만 남았구나.'

그러나 절집 터를 잡는 일은 생각보다 쉽지 않았다. 석 달을 지극정성으로 기도를 드리고 변함없이 반야심경을 독송하던 어느 날 황금빛 까마귀 한 쌍이 "까악 까악" 울면서 의각 스님 주위를 맴도는 것이었다. 그 모습을 가만히 지켜보던 스님은 느끼는 바가 있었다.

'그렇구나. 너희들이 내가 찾고 있는 절집 터를 알고 있구나. 내가 따를 터이니 앞장들 서거라.'

의각 스님이 자리를 털고 일어서자 스님의 말을 알아듣기라도 했다는 듯이 황금빛 까마귀 한 쌍은 남쪽을 향해 날기 시작했다. 스님이 미처 따르지 못하면 나뭇가지 위에 앉았다가 스님이 길을 나서면 한 발 앞서 날아가는 것이 어디에 내놔도 손색없는 훌륭한 길잡이였다. 그러기를 한참 후 까마귀는 덕봉산 기슭이 보이자 내려앉는가 싶더니 사람의 손길이라곤 받아본 적이 없는 것처럼 우거진 나무 그늘 아래 쌓인 낙엽을 헤치고 물을 찍어 먹고 있는 것이 아닌가? 가까이 가서 보니 약수샘이었는데 약수의 향기가 어찌나 좋은지 온 산이 그윽한 향기로 진동하고 있었다.

'내가 일심으로 기도하면서 찾던 곳이 바로 이런 곳이었느니라. 너희들이 아니었다면 어떻게 이런 곳을 찾았겠느냐. 내 이곳에 절집을 마련하고 부처님을 봉안하여 온 천지에 불법이 퍼지도록 할 것이다. 그리고 너희들의 공덕을 기려 이제부터 이 산을 금오산金烏山이라 부를 것이며 앞으로 지을 절집을 향천사香泉寺라 이름할 것이다.'

마을 전체에는 온통 어느 날 갑자기 나타난 낯선 스님에 대한

창건 이야기가 극락전 벽화에 담겨 있습니다.

이야기뿐이었다.

"저 아래 포구에 불상을 가득 실은 배가 있다는구먼. 먼 중국에서 공부하고 오신 스님이 가져온 것이라고 하데?"

"그렇다는구먼. 부처님 모실 땅을 찾기 위해 지극정성으로 기도를 드린다고 하던데 어째 찾았는지 몰라?"

"이야기 못들었나 보네? 저 위 산기슭에 샘이 있지? 그 자리에 절집을 지어 부처님을 모신다고 하던데."

"아이고 숲이 우거져 좋지 않았는데 잘 되었네. 우리 마을의 경사이니 작은 힘이라도 우리가 열심히 도와야겠구먼."

"그래야지."

그날 이후 마을 사람들이 정성으로 보내주는 시물施物로 불사는 순조롭게 진행되고 있었다. 그런데 어느 날 아침 아직 장가를 못 갔는지 머리를 길게 땋아 늘인 총각 하나가 의각 스님을 찾아왔다.

"어서 오시게. 이른 시각인데 무슨 일이라도 있는가?"

"아닙니다. 그저 스님을 뵙고 싶어서 이렇게 왔습니다. 사실 저는 혼자되신 어머니를 모시고 아랫마을에 살고 있습니다. 집안 형편이 너무 어려워 시물을 마련하지 못해 그간 스님의 불사를 돕고 싶어도 도울 수가 없었습니다. 하지만 불사를 돕고 싶은 마음이 가라앉지를 않아 이렇게 용기를 내어 왔습니다. 흙을 파내고 나무를 나르는 등 어떠한 궂은일을 시키셔도 상관없습니다. 스님께서 허락만 해 주신다면 있는 힘을 다하여 불사를 돕고 싶습니다."

"고맙고 고마운 일일세. 부처님께 올리는 공양이란 시물보다 마음이 더 중요하다네. 자네의 불사를 돕고자 하는 그 불심을 고맙게 받겠네. 얼마든지 와서 돕게나."

"스님, 고맙습니다. 제가 불사를 도와 불전이 완성되면 집에 몸져 누워계시는 어머니의 병환이 속히 완쾌되길 일심으로 기도드릴 것입니다."

"자네의 불심과 효심이 그리 장한데 어찌 기도가 이루어지지 않겠는가? 오늘부터 그 선한 마음으로 반야심경을 수지독송하게나. 자나 깨나 일어서나 앉으나 경구 하나 하나의 의미를 새기며 일심으로 정진하다 보면 자네의 마음에는 방향이 생기고 나아갈 힘이 생길 것이네. 인간의 불행이나 질병이라는 것이 본래부터 존재하기 때문에 나타나는 것이 아니라 그것을 통해 생명 본연의 제자리로 돌아가는 계기를 만드는 역할을 하기 위해 우리들에게 나타나 보이는 것이라네. 기도를 통해 얻은 힘은 반드시 본래의 자리를 찾을 수 있게 할 것이네. 부지런히 하게나."

"명심하겠습니다."

마을 총각은 불사를 돕는 틈틈이 반야심경을 외우는가 하면 집에 돌아가서는 누워계신 어머니의 곁을 지키면서 부지런히 외우고 또 외웠다. 처음에는 읽어내기도 힘들었는데 이제는 입에서 줄줄 흘러나오는 것이 거침이 없었다.

"스님, 어느새 낙성식을 보게 되었습니다. 3천의 부처님께서도 편안하게 계실 곳이 마련되었으니 얼마나 좋은지 모르겠습니다."

"나도 그렇다네. 자네를 비롯하여 마을의 모든 사람들이 이 일을 해내었으니 그 공덕 길이 남을 것이네."

마을 사람들은 가장 좋은 옷을 꺼내 입고 새로 모신 3천의 부처님을 뵙기 위해 모여들기 시작했다. 떠꺼머리총각도 깨끗한 옷으로 몸을 단정히 하고 어머니께 다녀오겠다는 인사를 드렸다.

"어머니, 잘 다녀오겠습니다. 그리 늦지 않을 것입니다."

"아니다. 얘야. 나 좀 일으켜다오. 나도 부처님을 뵈러 갈 테다."

"안 됩니다. 그 몸으로는 거기까지 못 가십니다. 집에 계시면 제가 금방 다녀오겠습니다."

"아니다. 내 오늘 이상하리만치 몸이 가벼워 얼마든지 갈 수 있을 것 같구나."

어머니의 간절한 모습에 아들은 할 수 없이 손을 내밀어 일으켜드리려 하자 그동안 아파 누워 있었던 사람인가 싶게 거뜬히 일어나는 것이었다. 총각은 자신의 눈을 의심할 수밖에 없었다.

"어머니, 부처님께서 저의 기도를 들어 주셨습니다. 세상에 이런 날이 올 줄 몰랐습니다."

"아이고 그러게 말이다. 이렇게 좋을 수가 없구나."

기쁨에 겨워 서로 부둥켜안고 눈물짓던 모자는 새로 조성한 절집의 낙성식을 보기 위해 길을 나섰다. 오랜만에 나선 길이다 보니 힘이 들기도 하고 갈증이 생기기도 하여 약수샘 옆에서 잠시 쉬기로 하였다. 아들은 얼른 약수 한 바가지를 떠서 어머니께 드렸다.

"물에서 향이 나는 약수입니다. 천천히 드세요."

"부처님의 가피를 입어서인지 물맛이 좋고 향기도 진하구나."

"네. 그래서 의각 스님께서 절집 이름을 향기 나는 샘이 있다 하여 향천사香泉寺로 하신다고 합니다."

"참 좋구나."

정말 참 좋은 절집 이름이었다. 향천사는 예산 버스터미널에서 엎어지면 코 닿을 거리에 있었다. 한때 예산 수덕사修德寺를 부지런히 다녔었는데 어째서 향천사에 가 볼 생각은 않았을까? 그런데 향천사와의 인연이 아직도 이른 것인지 아니면 진작 찾아오지 않았다고 삐치셨는지 모르겠지만 얼마 전에 다녀오면서도 그렇게도 보고 싶었던 천불전 부처님들을 친견하지 못하고 왔다. 굳게 잠긴 천불선원千佛禪院의 문은 끝내 열리지

향기나는 물이 샘솟는다는 금오산 향천사입니다.

않았다. 담장을 넘을 수도 없었고 심정적으로는 월장이라도 하고 싶었지만 까치발만 하다 돌아왔다. 너무 속이 상하고 야속한 마음에 궁시렁거리기도 했지만 '아직 때가 아닌가 보다.'라고 생각하니 한결 편안해졌다.

깔끔하게 정리된 길을 따라 내려오다 보니 극락전極樂殿 벽에 그려진 창건과 관련된 그림이 보여 천불전 부처님을 보고 싶다는 생각이 다시 꿈틀거리기 시작했다. 배에 불상들을 실어 놓고 뱃머리에 모신 석가모니 부처님께 절을 올리고 있는 의각 스님, 그리고 한 마리의 황금까마귀는 나무 위에 한 마리의 황금까마귀는 향기가 솔솔 피어오르는 샘가에 앉아 이곳이 길지임을 알리자 의각 스님이 합장을 하면서 답하고 계신 모습이 담겨 있었다. 보고 싶다! 합장을 올리고 아쉬움을 달래며 발길을 돌렸다. '그 많은 불상들을 어떻게 옮겼을까?' 궁금했었는데, 어디선가 나타난 흰 소가 수레를 끌고 와 불상들을 실어 나른 후 절집 동구 밖 바위 곁에서 고함을 지르며 해탈했고, 사람

정갈한 길을 따라 오르면 천불선원이 있습니다. 끝내 문이 열리지 않아 친견하지 못했던 천불전 부처님, 지금도 아쉬움으로 남아 있습니다.

들은 그 바위를 고함바위라 불렀다고 한다. 축생의 몸 벗기 지름길은 절집 불사를 돕는 일인가 보다. 전국 각 절집의 축생님들 부지런히 닦아 이 생에 해탈하시기를 빕니다!

향천사에서의 아쉬움을 달래기 위해 집으로 돌아와 관련 자료들을 찾아보니 특별하게 눈에 띄는 것은 없었다. 그러다 우연히 공주대 교수가 쓴 논문이 있어 읽어 보니 "전해지는 사료

와 사지가 전무한 실정이어서 마치 집을 잃은 미아처럼 그 역사성이 확인되지 않고 있다. 그래서 13세기 저명한 문장가 이규보가 전하는 향천사 관련 시를 통해 단편적이지만 당시의 역사적 사실을 확인하려 한다."고 머리말에 적고 있었다. "영聆수좌가 임공부林工部에게 부친 시를 차운次韻하다."라고 시작하는 율시에는 향천사 퇴락의 모습과 13세기초 임공부의 충청지역 순안사 파견을 계기로 예산현 감무로 있던 진씨 수령이 스님을 도와 향천사를 중창한 공을 칭송하는 내용이 담겨 있었다. 민족문화추진회에서 1980년에 펴낸『국역동국이상국집』2권에 전문이 번역되어 있으니 참고할 수 있다. 여기서는 그저 마음에 와 닿는 시구들을 새겨볼까 한다. 천자의 부름을 받아 오래도록 지키던 절을 떠난 스님의 그리워하는 마음과 걱정하는 마음이 너무나 잘 나타나 있어 몇 번을 되뇌었는지 모른다. 함께 했으면 하는 마음이다.

천자의 초빙을 받아
오래도록 깊은 산을 이별했네
흐르는 물은 옛 물가가 그리웁고
구름만 보아도 옛 터전이 생각나네
두루마기를 하사한 은총을 받았으나
몸에는 부스럼과 혹이 난 것만 같네

더욱 싫은 것은 세상 사람의 국량이 좁아
마치 먼 일가붙이가 갇힌 것같이 보네
산을 좋아하기는 사슴과 같지만
달을 건지려는 원숭이는 아니네
향천香川은 옛날에 있던 곳인데
구름과 물이 잘 있는지
두어칸 집을 한스럽게 바라보니
반쯤은 쓰러져 바위 머리에 기댔구나
혼자 말했네 당장이라도 좇아가서
산신령에게 부끄럼을 사과해야겠다고
꿈이 몸보다 먼저 떠나
만리에 살랑 바람을 따라갔네
훌쩍 떠나고 싶지 않아서가 아니라
세상 형편 때문에 짐짓 머뭇거리는 거지
오솔길에 풀이 우거진 지 오래되었으니
양구羊求같은 이도 찾아오지 않겠구나
옛 우물에는 오동잎이 가득하고
무너진 섬돌엔 이끼가 끼어 있네
간혹 걱정이 되네 나무꾼들이
낙락한 소나무를 베지나 않을까
또 애석하구료 수풀 밑에 샘물을

아무나 마시게 내버려 두었네
경실은 짐승 우리처럼 지저분하고
길가에 풀은 멋대로 우거졌구나
시냇가에 차 따는 사람이 없어
아예 다완茶椀에 들어오지 않네
여보 스님 무엇이 그리도 그리워
그 흰 눈썹을 펴지 못하시나요

아무래도 향천사를 다시 찾아 좋아하는 시구를 떠올리며 한적한 길을 걸어야겠다. 그때는 천불선원의 문도 활짝 열려 천불전 부처님들과 못 다한 회포도 풀어야 할 텐데. 발원친견發願親見!

꽃비가 내리는 곳에서 정녕 이별이옵니까?

삼각산(낙산) 청룡사

"마마께서 청룡사靑龍寺에 머무르고 계시니 부디 마지막 인사라도 하고 떠날 수 있게 해주시옵소서."

엎드려 통곡하는 소리에 허락이 떨어지니 귀양길에 오른 단종 일행은 동대문 밖 청룡사로 발길을 돌렸다. 정순왕후는 이제나 저제나 지아비의 모습이 보일까 가슴 졸이며 절집문 밖을 지키고 있었다.

"전하, 밤이 깊었으니 어서 드시옵소서. 얼마나 고단하고 힘이 드셨습니까?"

"나는 괜찮소. 우화루雨花樓라, 오늘밤은 우화루가 영리정永離亭이 될 터이니 어쩌다 이 지경에까지 이르렀는지 답답하여 말을 이을 수가 없구료."

'전하, 정녕 오늘밤이 지나면 이별이란 말이옵니까? 소인은 받아들일 수 없으니 어찌하면 좋습니까?'

죄인의 몸으로 철통같은 감시를 받고 있는 지아비를 위해 감히 입 밖에도 낼 수 없는 말을 삭히고 묻어버린 정순왕후는 눈물마저 삼키고 있었고, 그 모습을 바라보던 단종의 눈에서는 비오듯 눈물만 흐르고 있었다. 두 사람 앞에 놓여진 찰나의 마지막 밤이 그렇게 지나고 있었다.

한낮의 태양빛이 살갗을 아리게 하는 7월의 한 달을 서울에서 보낼 기회가 우연히 왔다. 한 달간 자리를 비울 수는 없었고 한 일주일을 작정하고 서울로 향했다. 물론 목적은 서울 지역 절집 중 미처 가보지 못한 곳을 찾는 것이었다. 첫 책을 준비하면서 서울 경기 지역의 웬만한 절집들은 다 돌았지만 몇몇 빠진 곳이 있어 늘 아쉬웠는데 기회가 왔으니 고마운 일이었다.

모든 여행이 그렇지만 특히 절집 여행은 나를 설레게 한다. 어린 시절 가슴 가득 안고 너무나 행복해 했던 종합선물세트와 같이 내가 좋아하는 모든 것이 오밀조밀 한 자리에 모여 있어 그럴 것이다.

'서울 한낮의 더위쯤이야 견딜 만하겠지?'하는 맘으로 길을 나섰다. '무식이 용감이라 했던가?' 몰라도 너무 몰랐다. 서울 지하철 6호선 창신역 3번 출구를 나오는 순간 울고 싶었다. 몇 발만 나서도 바다로 이어지는 우리 동네가 그렇게 그리울 수가 없었다. '그래도 가야지. 한 여인의 한이 통곡이 되고 그 통곡은

기도가 되어 열반에 이른 세월이 60여 년이라는데 그 애절한 사연에 비하면 얼마나 부끄러운 투정인가?'

쉽게 찾을 수 있다고 했는데 도통 오르는 길을 모르겠는 것이 아무래도 걷기가 싫은 내 마음의 유혹인가 싶어 주저하지 않고 택시를 탔다. 5분도 채 오르지 않았는데 도착했단다. '이런이런, 코앞에 두고 몰랐구나. 바보!' 사진으로 여러 번 봐왔던 터라 절집 큰 문은 금방 찾을 수 있었다. 문이 반쯤 열려 있어 조심스럽게 발을 들여 놓았다. '그날 청룡사의 주인은 이글거리는 태양빛이었다. 그 외의 움직임은 아무 것도 없었다. 적막했다.' 대웅전에 들어가 부처님전에 예를 올리고 문을 나오니 우화루가 보였다. '그래, 우화루가 저기 있었구나.'

청룡사는 종로구 숭인동 삼각산(낙산)에 있는 비구니 스님들의 절집이다. 청룡사 창건과 관련하여서는 두 가지의 이야기가 전해져 오고 있다. 고려의 건국과 함께 비보사찰裨補寺刹로 창건되었다는 고려 창건의 이야기와 수도 한양의 허약한 지세를

청룡사 큰문을 지나 마당으로 들어서서 왼편으로 우화루가 있습니다.

보강하기 위해 창건했다는 조선에서의 창건 이야기다. 고려 왕조가 건국된 후 왕조의 안정과 번영을 위해서는 목씨木氏 성의 왕성한 기운을 억제해야 하는데 그 비법은 청룡의 기운이 서린 곳에 절집을 세우고 아침저녁으로 종을 쳐서 그 기운을 누르고 비구니 스님들을 머무르게 함으로써 양기의 극치를 막아야 한다는 것이었다. 그런가 하면 수도 한양의 지세가 백호의 등보다 청룡의 등이 낮은 형상이어서 장자에게 불리하고 동쪽으로부터 큰 화를 입을 걱정이 있으니 이를 보완해야 한다는 지적이 있어 허약한 청룡의 등을 보강하기 위한 작업의 일환으로 청룡의 콧마루에 해당하는 산마루 바위 위에 작은 규모의 절집을 지어 비구니 스님들을 머물게 하여 음양의 조화로 청룡의 기운을 활기차게 한다는 것이 조선에서의 청룡사 창건 이유였다.

어떤 것이 청룡사 창건의 진실인지 모르겠지만 비보사찰로 창건된 것은 동일한 듯하다. 음의 기운을 더하여 양의 기운을 조절한다는 풍수의 이론이 적용되어서인지 창건 초부터 지금까지 비구니스님들이 머무르는 절집이 또한 청룡사이다. 그래서인지 한 많은 여인들의 한恨서린 이야기들이 많은 절집이기도 하다. 그 중에서도 청룡사와는 뗄래야 뗄 수 없는 것이, 풍저창부사 송현수의 귀한 따님으로 태어나 조선왕조의 왕비로 간택되어 4대 단종의 정비 정순왕후로 기구한 삶을 살다가 결국 허경虛鏡 비구니가 되어 일생을 마친 한 여인의 한 맺힌 이야기다. 내가 청룡사 마당에 서 있었던 이유도 그 이야기를 풀기 위해서였다.

조선왕조의 성군으로 칭송 받았던 4대 세종은 병약한 아들과 눈에 넣어도 아프지 않을 어린 손자를 두고 1450년 54세의 나이로 훙거薨去하였다. 아버지 세종의 3년상을 겨우 마친 5대 문종은 타고난 병약함을 이기지 못하고 39세의 젊은 나이로 훙거하고 말았다. 자신을 낳고 산후통으로 병을 얻어 하루 만에 돌아가신 어머니와 병약한 아버지를 모두 여윈 세자는 12세의 어린 나이로 조선왕조를 책임지는 최고의 자리에 오르게 되었는데 이가 바로 6대 단종이다.

비극의 씨앗이 싹을 틔우기 시작한 것은 어린 조카의 왕좌를 노리던, 세종의 둘째 아들이며 단종의 삼촌인 수양대군의 행보였다. 수양대군과 그의 측근 한명회는 세종에게 단종의 보호를 명 받은 김종서, 황보인 등의 의정부 대신들과 셋째 안평대군 일파를 제거하고 섭정으로 대권을 탈취할 것을 밀모하여 실행에 옮겼다. 그리고 채 일 년도 지나지 않아 보위에 오른 단종을 강제로 상왕의 자리로 물러 앉히고 1455년 그토록 바라던 왕좌에 올랐다. 조선의 7대 임금의 자리를 꿰찼으나 정상적인 왕위계승이 아니었던 만큼 심리적인 불안감은 어찌할 수 없었을 것인데, 마침 세조가 왕위에 오른 2년 째 되던 해 집현전 학사들을 중심으로 상왕(단종)의 복위운동이 비밀리에 진행되고 있었다. 그러나 운의 축이 세조에게 있었던지 김질의 배신으로 복위운동이 발각되어 실패로 돌아갔을 뿐만 아니라 성삼문 등 사육신을 비롯한 수많은 관련 인물들이 희생당하였고 집현전은 폐쇄되었다. "불안한 요인은 일찌감치 제거하는 것이 상책"이라 했던가? 세조는 상왕을 노산군魯山君으로 강봉시켜 영월로 유배를 보내고 그것도 모자라 결국 사약을 내려 죽였다. 1457년 단종 17세 때의 일이었다.

그전 1452년, 아버지 문종임금의 3년상도 치르지 않은 어린 단종은 왕비로 간택된 풍저창부사 송현수의 따님과 혼례를 올리게 되었는데, 그분이 바로 정순왕후定順王后 송씨宋氏였다. 혼례를 치르고 왕후로서의 몸가짐도 익히지 못한 어린 왕비는 문득 상왕비가 되어 의덕왕대비懿德王大妃의 존호를 받게 되었다. "운이 쇠할 때에는 삶이 회오리바람처럼 소용돌이친다."고 한다. 상왕비의 자리도 잠시, 역모사건에 연루된 단종이 노산군으로 강봉되면서 강원도 영월 땅으로 유배를 가게 되었으니 의덕왕대비懿德王大妃도 군부인君夫人으로 강봉되었고 죄인의 몸이 된 대비는 더 이상 궁에 머무를 수도 없게 되었다. 궁을 나왔으나 친정마저 역모사건에 연루되어 멸문의 화를 입게 되었으니 갈 곳이 없어 결국 동대문 밖 낙산 청룡사에 몸을 의탁하게 되었다. 정순왕후 송씨의 나이 18세 때의 일이었다.

17세와 18세의 어린 부부는 찰나와 같은 하룻밤을 보내고 영

永 이별을 보았으니 운명은 참으로 얄궂다. 지아비를 강원도 영월 땅으로 보낸 후 정순왕후는 영월 땅이 있는 동쪽이 가장 잘 보이는 낙산 상봉 가까이에 있는 청룡사에 머무르기로 작정을 하고 출가를 결심했다. 허경이라는 법명을 받고 비구니 스님이 된 그녀는 바깥세상과는 일체의 연을 끊고 아침이면 낙산 상봉에 올라 동쪽 영월 땅에 있는 지아비를 생각하면서 통곡을 하고 밤이면 불제자가 되어 참회로 기도를 시작하여 결국은 지아비의 안위를 위한 절절한 기도로 밤을 밝혔다고 한다. 그 세월이 60여 년이었다니 무슨 할 말이 있겠는가? 이 여인의 일생에.

지금도 낙산 일대와 청룡사는 물론 동대문에서 동묘東廟로 가는 청계천 다리 일대에서 단종임금과 정순 왕후의 애달픈 사연을 새길 수 있다. 더군다나 단종 비 정순왕후 추모문화제가 이 일대를 중심으로 열린다고 하니 함께 해 보는 것도 좋을 것 같다.

그리고 매일 통곡으로 하루를 시작했던 곳에는 동망봉東望峰이란 이름을 새긴 바위가 놓여 있는데 숭인동 근린공원 안에 있다. 그 통곡소리가 얼마나 애절했으면 동네 아낙들이 눈물 없이 아침을 지을 수가 없었다고 한다. 조선시대 절집의 살림살이는 말이 필요 없다. 식구마저 늘어난 청룡사 살림살이의 궁핍함은 당연지사였다. 생계를 걱정하지 않을 수 없었던 그녀는 매일같이 오르던 길가에 지천으로 널려 있던 자지초를 이용

옷감에 자줏물을 들이던 샘이 다 말라 버렸습니다. 님을 향해 흘린 눈물처럼.

하여 옷감에 자줏빛 물을 들여 댕기도 만들고 저고리 깃은 물론 고름이나 끝동까지 만들어 팔아 생계를 도왔다고 한다. 동대문 상인들은 이것들을 거두어다 팔아 주었고, 서울 시내 아낙들도 외면하지 않았던지 당시 자주고름이나 자주끝동이 유행을 하기도 했다고 한다. 게다가 그 삶을 애달파했던 사람들은 당시 물들인 옷감을 빨던 샘을 "자주우물", 옷감을 널어 말리던 바위를 "자주바위"라고 불렀다고 한다.

동망봉에서의 애달픈 울음소리가 들려 올 때 같이 울었던 마을의 여인들도 너나 할 것 없이 집안의 푸성귀나 쌀을 이고 동묘 근처에 나가 남자들의 출입을 금하는 시장을 열어 삼엄한 감시를 뒤로하고 가져온 물건들을 몰래 전해주기도 하면서 스님이 된 정순왕후를 비롯한 청룡사 식구들의 먹거리를 제공했다고 한다. 그 사연이 얼마나 애절했으면 이 여인들이 이렇게 했을까 싶다. 더군다나 정순왕후가 날마다 오르던 동망봉의 풀들마저도 5백년이 지나도록 모두 동쪽으로만 고개를 숙였다는 이야기가 야사에 전해지는 것으로 보아 천륜은 그들을 버렸으나 민심은 그들을 거두었던 모양이다.

청룡사 우화루는 마지막 이별을 나눈 곳이라 하여 영리정이라 하

저 동쪽 하늘 아래 계신 님이 나를 걱정하기보다 자신의 안위를 생각하게 해주시옵소서.

였고, 지금은 영도교永渡橋라 불리는, 동대문에서 동묘로 가는 청계천의 17번째 다리는 다시 만날 기약조차 없는 단종의 뒤를 버선발로 따르다가 더 이상 따라갈 수도 없어 마지막 작별을 하였던 다리라 하여 영리교라 불렀던 것이 당시 민심이었다. 너무 더운 여름 한낮이나 추운 겨울은 피하고 햇살 좋은 봄날이나 바람이 선선한 가을쯤 아픈 두 인연을 보듬어 안으면서 이 길을 따라 걸어보는 것도 썩 괜찮은 하루를 보내는 일이 될 것이다.

승가 스님, 가람의 이름은 승가사입니다

북한산 승가사

'승가 스님, 그리운 마음을 담아 가람의 이름을 승가사僧伽寺로 하였습니다.'

수태秀台 스님의 쓸쓸한 독백이 천둥소리가 되어 되돌아온다.

'살아서도 죽어서도 중생을 아끼고 사랑하는 마음 그칠 줄 몰라 수시로 몸을 나투시어 위험으로부터 구해주시니 미혹한 중생들의 마음 든든합니다. 사주인견대성泗州人見大聖이라고, 사주 땅 사람들 중 스님의 나투심을 보지 않은 자 없다 하는데 어찌 저에게는 나투심이 없으십니까? 너무 먼 땅이라 그러하십니까? 생전 웃는 얼굴 좋아하시고 자비로운 마음 사랑하시더니 자비로운 마음으로 웃으면서 기도하면 소원을 이루어 주시고 찡그리는 얼굴 싫다 하시고 악한 마음 내치시더니 악한 마음 내어 찡그리며 기도하면 소원을 이루어 주시지 않는다 하니 소원 성취 참으로 쉽습니다. 먼 신라 땅에 사모

하는 스님의 이름을 빌어 가람을 마련했습니다. 중생이 위급할 때 나투시어 구제하여 주시옵소서.'

서울 종로구 구기동 북한산 자락에 승가사가 있다. 내가 승가사라는 절집을 처음 알게 된 것은 한 장의 사진을 접하면서였다. 승가사석조승가대사상僧伽寺石造僧伽大師像. 머리에는 두건을 쓰고 넓은 얼굴에 깊이 팬 이마의 주름살, 지혜로워 보이는 눈, 재물이 붙은 코, 윤곽이 뚜렷한 입술에 사람 좋아 보이는 미소를 담고 말년이 편안할 것만 같은 두툼한 아래턱을 가진 세속의 인간 모습과 너무 흡사한 형상에 놀라 눈을 뗄 수가 없었다.

승가사라, 집으로 돌아와 이것저것 찾아보니 신라 경덕왕 15년(756) 중국 당나라에서 생불 소리를 들었던 서역 출신의 승가 대사의 거룩한 행적을 들은 수태 스님께서 경모하는 마음에서 절집을 만들면서 그 이름을 승가사로 하였다는 창건 관련 이야기가 전해지고 있었다. 창건에 얽힌 몇 줄의 글을 보니 잔잔한 감동이 밀려왔다.

그리고 너무나 인상 깊게 본 석조승가대사상은 이미 그 가치가 인정되어 보물로 지정되어 있었다. 헌종 15년(1024)에 만들어졌다는 명문이 새겨져 있어 제작연대를 알 수 있는 고려시대의 걸작으로 꼽힌다고도 하였다. 이렇게 된 이상 직접 가서 보지 않으면 안 된다. 서울에서 며칠 머무를 수 있는 기회가 닿아 아직 찬 기운이 남아 있는 3월 어느 날 승가사를 찾기로 했다.

나에게는 4명의 조카가 있다. 그 중에서도 우리 형제들이 가장 힘들고 외로울 때 태어난 첫 조카를 유독 마음에 낀다. 당시 조카는 우리들에게 은혜를 베푸는 신이었고 따스한 햇살을 비추는 하늘의 태양과도 같은 존재였다. '이렇게 살다보면 그렇게 슬프지도 또 외롭지도 않겠구나.' 하는 생각을 하게 했으니 여러 생명 구한 것이라 봐야 한다. 그렇게 귀했던 조카가 자라 낯선 땅으로 공부를 떠났다가 집이 너무 그리워 아파하다가 잠시 우리 곁으로 돌아와 머무르고 있던 때라 동행하기로 했다.

초행길은 항상 변수가 따르는 법. 그래서 다른 사람의 도움은 필수다. 승가사를 찾아 가는 길은 열심히 조사해 와서 찾는데 큰 어려움이 없었지만 우리를 승가사까지 데려다 줄 봉고차 타는 곳을 찾을 때는 "입이 주소다"는 정신으로 적극적으로 물어야 했다. 찾고 보니 고급빌라들이랑 대사관 건물이 있는 조용한 곳이었다. 봉고차를 기다리는 동안 조카는 카메라에 이곳저곳을 담고 있었다. 낯설기만 한 땅에서 얼마나 힘들고 외로웠을까 생각하니 마음이 짠했다. 우리를 태우기 위해 온 봉고차를 타고 언덕길을 한참 오르다 보니 승가사가 보였다.

첫인상. 낯설었다. 묵은 살림 다 버리고 새살림 장만해 아파트로 이사한 집 같았다. 묵은 살림더미 속에서 격식 차리지 않

낙엽 속에 소박하게 있던 표지석
과는 대조적인 화려한 석탑 속에
사천왕님이 계셨습니다.

고 질펀하게 앉아 맘속의 맺힌 것들 다 풀어 놓을 수 있는 그런 절집으로 데려갔어야 했는데 애를 잘못 데려왔나 싶어 맘이 쓰였다. '그래 더 올라가 보자. 부처님 계신 곳인데 다 똑같겠지? 그리고 승가 대사의 모습도 뵈어야지.' 맘이 복잡하기만 한 나와는 달리 조카는 아랑곳하지 않고 카메라 앵글을 맞추고 셔터를 누르는 손길이 분주했다. 절집 초입에서 이렇게 산란했던 적이 있었나 싶어 기억을 더듬어 보았으나 기억에 없다. 조금 걸어올라 절집의 전각들이 자리한 공간으로 들어가 불보살님께 삼배례를 하고 나니 마음이 차분해졌다. 낯설기만 했는데 늘 뵙던 그분들이 계셨으니 그랬을 것이다. 낯가림이 심하지도 않은데 별일이었다.

승가대사를 친견하기 위해 석굴을 찾았다. 밝은 곳에서 어두운 곳으로 들어가니 순간 사방 분간이 어려웠다. 게다가 뭔지 모를 축축한 기운마저 감돌아 한기까지 느껴졌다. 예를 올리는 것도 잊고 인등引燈의 불빛에 의지하여 찬찬히 주위를 둘러보니 석조의 승가대사상이 모셔진 주위로 수많은 인등이 밝혀져 있고 오른쪽으로 몇 개의 계단이 있어 가까이 가서 보니 물 나오는 곳이 있었다. '물이 있어 한기가 느껴졌구나. 약수겠지?' 마음을 가다듬고 승가 대사 앞에서 뒤늦은 삼배례를 하고 강한 인상을 남긴 그 모습을 살펴보기 시작했다. 인등의 불빛이 여러 각도에서 비추니 살아 있는 사람을 대하는 듯하여 속내를

낯설게만 느껴졌던 승가사에 너무나도 인간적인 모습의 스님이 계시지 않았다면 내 맘이 또 얼마나 굳게 닫혔을까요? 승가사 석조승가대사상입니다.

드러낼 뻔했다. 혼자였다면 분명 한마디 했을 것이다. "안녕하세요? 대사님! 처음 뵙겠습니다. 웃는 얼굴이 이쁘다는 말을 자주 듣곤 합니다. 활짝 웃을 테니 이쁘게 봐주세요! 자비로운 마음을 항상심으로 갖고 있진 않지만 노력하려 애쓰고 있습니다. 제 소원은요, 우선은 제 조카 편안하게 해 주시고, 그 다음은 절집을 알기 쉽게 풀어 쓴 책을 준비하고 있습니다. 부디 그 책이 발간되어 세상의 빛을 볼 수 있게 해 주십시오."라고. 마음에 삭히고 입에 묻어버린 그 소원이 이후 다 이루어졌다. 영험靈驗인가!

"은정아 우리 약수 마시고 가자." 계단 아래에는 학교에서나 볼 법한 공포의 삼색 슬리퍼가 놓여 있었다. 신발을 갈아 신고 약수 한 바가지씩을 마셨다. 이곳에서 흘러나오는 약수는 병을 낳게 하는 영험이 증명되어 인근은 물론 전국에서 많은 사람들이 와서 마신다고 했다. 순간 평소 건강이 걱정인 주위 사람들의 얼굴이 떠올라 한 바가지씩 날렸다.

석굴에서 나와 오른쪽을 보니 끝없이 이어질 것 같은 계단이 보였다. '저 끝에 북한산 구기리 마애석가여래좌상이 있겠구나. 그러면 108계단이다. 언젠가 서점에서 책 표지로 봤는데 실제 모습이 이렇구나.' 한 계단 한 계단 기도를 담고 올랐다. 오르고 보니 공사 중이라 어수선했다. 아무리 분위기가 산만해도 그 앞에 서니 경건해졌다. 5M 높이의 크기에다 내려 뜬 눈하며 꽉 다문 입, 당당한 기상이 느껴지는 포스가 예사롭지 않아 석가모니부처님을 뵙고 있는 것이 아니라 고려무인을 마주하고 있는 것 같아 흠짓했다. 삼배례를 마치고 주위를 둘러보다가 계단 아래에서 조카의 모습을 발견했다. 옛 생각을 하면서 한참을 보다가 내 카메라에 그 모습을 담았다. 꼬맹이가 자라 처녀가 되었는데도 늘 가장 먼저 떠오르는 것은 애기 때 모습이다. 한 계단 한 계단 또 다른 기도를 담고 내려왔다. 시간에 맞춰 봉고차를 타야 하니 발길이 바빴다.

절집 관련 설화를 모으면서 승가사와 관련된 비교적 최근의 이야기가 있어 정리해 두었는데 종교적인 문제와 관련된 것이라 조심스러워 책에 실어야 하나 고민하다 옮겨 적는다.

1950년대 한국전쟁 이후의 이야기다. 전쟁은 나라뿐만 아니라 교회에도 큰 피해를 주었다. 교회당이 파괴되고 교인들은 순교와 납치로 희생되어 가는 등 문제가 곳곳에서 드러나고 있었다. 그저 바라보고만 있을 수 없었던 한국교회는 전쟁의 폐허 속에서 상실된 인간성을 회복하고 파괴된 가정의 재건을 돕기 위해 "그리스도의 이름 아래" 새로운 도덕적 질서와 가치를 확립하고자 많은 노력을 하였다. 노력의 결과 교세는 점점 확장되었고 믿음이 깊은 교인들도 늘어갔다. 이러한 상황 속에서 특히 절집은 우상을 숭배하는 삿된 곳이므로 배척해야 한다는 의식이 팽배하였고, 불상을 훼손하고 파괴하는 것은 정의로운 일이라고까지 생각하는 사람들이 생겨났다.

이즈음 북한산 승가사 뒷산으로 나무 하러 가던 한 무리의 아이들이 있었다. 승가사를 지나면서 몇몇 아이들은 법당에 들어가 절을 하고 나오기도 하고 또 어떤 아이들은 그냥 지나치기도 하였는데, 유독 한 아이만이 "우상을 숭배하면 천당에 갈 수 없어. 너희들은 지옥에 갈 거야. 내가 다 없애 버릴 테야." 하면서 불상을 타고 놀기도 하고 오줌을 싸기도 하면서 돌아다니다가 급기야 들고 있던 낫으로 16나한님의 눈을 도려내기까지 했다. 옆에서 보고 있던 아이들은 너무도 놀라 두려움에 떨면서 급히 그곳을 벗어나 산으로 도망갔다가 얼마 후 내려와 보니 그렇게 미친 듯이 돌아다니던 아이가 전쟁 중에 묻어 두었던 폭탄을 밟아 죽어 있었다. "우연이라고 하기엔 행동이 정

기도를 담고 오른 계단 위에는 거센 바람이 불어와도 거뜬히 나를 지켜 주실 것 같은 든든한 부처님이 계셨습니다.

도를 지나쳤으니 대노한 나한님들이 벌을 내린 것이라고 봐야 지." 그 사건을 목격한 사람들은 이렇게 말했다고 한다.

"어떻게 맺음을 해야 할까?" 또다시 고민이다. 읽는 사람 각자의 생각에 맡기기로 한다. 신인과信因果!

뒤돌아 내려다본 계단 아래에는 마음에 담은 내 조카가 있었습니다.

덕릉이라 부르면 나무 값을 더 쳐주리다

수락산 흥국사

"왕을 아들로 두셨으면서도 덕흥대원군德興大院君께서는 왕으로 추존될 수 없으시니 민망하고 안타까운 일이다. 묘소의 이름만이라도 능으로 승격시켜드리고 싶은데 묘안이 없겠는가?" "안타까운 일이옵니다. 하나의 묘안이라고 한다면 백성들의 입을 좀 빌리는 것이옵니다."

"백성들의 입을 어떻게 빌린다는 말인가?"

"흥덕사興德寺를 양주 백성들이 덕절이라 부른다 하옵니다. 덕절을 덕릉德陵으로 부르게 한다면 덕흥대원군의 묘소만이라도 능陵*으로 승격시켜 드릴 수 있지 않겠습니까?"

"흠. 좋은 생각이오. 어떻게 하면 덕절을 덕릉으로 부르게 할 수 있겠는가?"

"그것도 방법이 없는 것은 아닙니다. 동대문 밖에 나무 파는 자를 은밀하게 불러 나무를 팔러 오는 자들에게 덕릉에서 왔다고 하면 무조건 후한 값을 쳐 나무를 사 주면서 술과 밥을 먹여 보내고, 덕절에서 왔다고 하면 거들떠보지도 말라 하면 곧 소문이 퍼져 모두들 덕릉에서 왔다 할 것이니 얼마 지나지 않아 자연 덕릉이라 불리워질 것입니다."

"과연! 곧 시행토록 하시오."

조선 14대 선조임금은 왕위 계승권과는 거리가 먼 11대 중종의 후궁 소생인 덕흥군의 3남으로 태어나서 후사가 없던 13대 명종의 양자가 되어 왕위에 오른 분이다. 나이 겨우 8세에 생부 덕흥군이 서른도 되지 않은 젊은 나이로 요절하였고 16세 때에는 명종보다 한 달 먼저 생모 하동 정씨 부인마저 돌아가셨다. 슬퍼하고 아파할 겨를도 없이 나라의 임금 자리는 한시도 비울 수 없다는 조정대신들의 탄원으로 생모의 장례도 치르기 전에 상복을 벗고 왕위에 올랐다. 3년상은 고사하고 장례조차 치르지 못한 자식의 애통하고 비통한 마음을 어찌 다 말로 할 수 있었겠는가. 왕위에 오른 선조는 자식으로서 해 드릴 수 있는 모든 것을 해 드리고 싶었지만 곁에 계시지 않으니 그저 자신이 할 수 있는 최상의 일은 생가 부모님의 묘역을 정비하여 편안하게 모시는 것이라 생각하였다. 그리하여 일찍이 생부 덕흥군을 모셨던 양주 남면 수락산에 생모의 묘소를 나란히 하여 묘역을 정비하였다. 그리고 생가부모님의 묘소를 수호하고 영가를 천도할 수 있는 원찰을 부근 길지를 택해 세우도록 하고 흥덕사라 사액賜額하였다. 지금의 수락산 흥국사의 전신이다.

덕흥대원군의 원찰* 흥덕사가 흥국사興國寺로 사명이 바뀐 것은 인조 4년(1626)의 일이었다. 선조의 손자로 조선의 16대 임금이 된 인조는 반정에 성공하여 광해군을 폐위시키고 왕위에 오른 분이다. 인조가 왕위에 오른 후 정국이 안정되자 선대의 덕흥대원군을 흥국興國의 중흥조로 삼고 그 의미를 강조하고자 흥덕사를 흥국사로 이름을 고쳐 사액하였다.

흥국사는 원래 원찰로 창건되었던 만큼 왕실의 보호 아래 사격이 높았으나 다시 한번 왕실과 인연을 맺어 사격을 높인 것은 22대 정조 때였다. 정조는 후사가 없는 것이 늘 큰 걱정이었던 왕이다. 정조 13년(1789) 생부 사도세자의 묘소를 수원으로 옮기면서 묘소를 수호하고 영가를 천도하는 원찰로 용주사龍珠寺를 창건하게 되었는데, 당대의 대덕스님이었던 보경 사일寶鏡獅馹 스님과 성월 철학城月哲學 스님이 이 창건 역사를 담당하게 되었다. 억불정책으로 몸살을 앓고 있던 당시 불교계로서는 성은이 망극한 일이었기 때문에 사역을 무사히 마친 두 스님은 후사가 없어 근심이 큰 임금의 왕자 탄생을 서원하고 수락산 흥국사와 북한산 진관사津寬寺에서 각각 백일기도를 드리기로 하였다. 자연히 그리되려고 했는지 기도의 덕인지 회향 후 1

흥국사는 절집에서 흔히 볼 수 없는 공자工字 전각이나 지붕의 잡상을 볼 수 있는 조선왕조의 원찰입니다.

년이 지나 정조는 후궁 수빈에게서 왕자의 탄생을 보았다. 23대 순조가 탄생한 것이다. 너무나 기쁜 나머지 정조는 흥국사에 하사금을 내려 중수를 도왔고, 순조 역시 자신의 탄생과 관련된 흥국사에 관심이 많았던지 순조 18년(1818) 불이 나서 많은 전각이 소실되자 하사금을 내려 중건을 도왔다.

흥국사는 26대 고종의 생부 흥선대원군과의 인연도 깊어 지금도 그의 힘있고 활달한 현판글씨들을 볼 수 있다. 흥선대원군의 글씨들을 흥국사에서 볼 수 있는 것은, 덕흥대원군의 14대 손이면서 자신의 처외사촌이 되는 이하전이 24대 헌종의 뒤를 이을 왕손으로 지목되었다가 안동 김씨에 의해 모살되어 자신의 아들이 보위에 오르게 되자 이를 미안하게 여긴 마음에 선대의 원찰인 흥국사에 각별한 애정을 쏟았기 때문이라고 전해진다.

이런저런 사전 지식을 머리에 담고 가만히 있어도 땀이 흐르

는 7월 한갓진 날 수락산 흥국사에 올랐다. 가는 길이 어려울까 걱정했는데 대중교통으로도 쉽게 접근할 수 있어 비교적 편하게 다녀올 수 있었다. 조용한 동네길 담벼락의 탐스런 능소화를 보면서 길을 따라 오르니 소담스런 일주문이 보이고, 일주문 너머 고즈넉한 길이 이어져 있었다. '다행이다. 조용하게 절집을 돌아보고 가겠구나.' 길을 따라 모퉁이를 도니 제일 먼저 눈에 띄는 것이 공자工字 평면의 우뚝 솟은 전각이었다. 이곳이 원찰이었음을 증명이라도 하는 듯 흥선대원군의 필체가 돋보이는 흥국사 현판을 달고 당당하게 자리하고 있었다. 큰방체로 쓰인다는 전각을 왼쪽으로 오르니 대웅보전, 시왕전, 만월보전 등의 전각들이 오밀조밀 모여 있었다.

내가 수락산 흥국사를 찾은 가장 큰

홍국사 일주문이 고즈넉하게 자리한 뒤로 끝없이 이어질 것 같은 길이 있습니다.

이유는 감로탱을 보기 위해서였다. 당시는 감로탱의 사진이 필요해 이곳저곳을 찾아다니던 때여서, "덕절 중은 불 때면서 불막대로 시왕초*를 그리고, 화계의 중은 불 때면서 조할향*한다"는 서울 절집 속말이 있다는 것과 함께, 수락산 흥국사는 화승의 본거지라 할 정도로 귀한 불화가 많다는 글을 책에서 보고 '그래 꼭 가봐야 할 곳이구나.' 하고 늘 마음에 담아 두었다가 기회가 닿은 것이었다.

'귀하게 얻은 기회이니 맘껏 보고 가야지!' 먼저 대웅보전에 들어가 정면의 석가삼존불께 삼배례를 했다. 단정하고 이지적인 삼존불의 모습 하며, 정교하게 조각되어져 있는 광배 하며, 하나하나 눈을 뗄 수 없어 순간 멍 했다. 이리저리 구석구석 정신없이 살피다가 내가 온 목적을 상기하고 좌측 벽면에 봉안되어져 있는 감로탱*으로 발길을 옮겼다. 마주하고 보니 과연 당대의 이름난 화승들의 작품다웠다. 아무리 보는 눈이 깊지 않은 나였지만 그 정도쯤이야 알 수 있었다.

불보살님의 자비로운 모습과 아귀의 해학적인 모습, 그리고 당시의 생활 풍속의 장면들이 적나라할 정도로 생생하게 표현되어 있었으며 색채의 조화로움은 특히 볼 만했다. 고종 5년(1868)에 제작되었다고 하는데 모두 당시 흥국사에 재적하고 있던 명망 높은 화승들이 직접 그렸다고 한다. 꽃나무도 같은 종류를 곁에 두면 서로 경쟁하면서 큰다고 하는데 고수들끼리 모여 서로 경쟁하듯 그렸을 테니 이런 걸작이 나오는 것은 당연지사다. 안복을 맘껏 누렸다.

알려진 바와 같이 감로탱이라 함은 원혼들의 극락왕생을 발원하며 행해지는 영가천도재 때 봉안되는 불화로 "달디단 물 감로"와 같은 법문으로 원혼들을 극락왕생시키겠다는 생각에서 만들어진 것이었다. 중생교화를 위해 쉬운 그림으로 그려 표현하고 있으며 불교적인 내용뿐만 아니라 다양한 당시의 풍속장면들이 어우러져 있으므로 볼거리가 풍성하다.

흥국사에는 이 밖에도 많은 볼거리들이 각자의 자리에서 와서 봐주기를 기다리고 있다. 정조의 기쁨이 담겨진 선물인 시왕전(명부전)과 육각전각을 볼 수 있는 만월보전, 특히 만월보전은 순조 18년(1818) 화재에도 소실되지 않아 옛 모습을 잘 간직하고 있다. 그리고 흥선대원군의 필체를 감상할 수 있는 현판과 주련들, 각 전각마다 걸려 있는 보물 같은 불화들이 그

홍국사의 터줏대감이라고 해도 될까요? 대형화재 때에도 거뜬하게 자신을 지켜냈다고 합니다. 육각모양의 전각인 만월보전입니다.

것들이다. 여름이면 한낮의 더위를 잊게 하고 겨울이면 혹독한 추위마저 잊게 할 그런 곳이었다. 서울 지하철 4호선을 타고 당고개역 1번 출구로 나와 좌우를 조심스럽게 살피면서 길을 건너면 33번 버스 타는 곳이 나온다. 편안한 마음으로 버스를 타고 홍국사 입구에서 내려 생각 없이 걷다 보면 그곳에 홍국사가 있다.

* 무덤의 주인이 누구인지 알 수 있는 왕과 왕비의 무덤을 능陵이라 부른다.
* 국가나 왕실의 안녕이나 왕가의 수명장수, 나아가 영가의 명복을 빌기 위해 국가가 정한 절집을 원찰이라 한다.
* 선조임금이 왕위에 오르자 그 생가 부모를 예우하는 의례 절차에 따라 생부 덕흥군은 덕흥대원군德興大院君으로 하동河東 정씨鄭氏 부인은 하동부대부인河東府大夫人으로 추숭하였으니 조선 최초의 대원군과 부대부인의 출현이라 할 수 있다.
* 시왕초十王草나 조할향初喝香은 불화佛畵와 범패梵唄의 기초수련이다.
* 감로탱甘露幀의 구성은 크게 3단으로 나뉘어져 있는데, 상단에는 중생을 극락으로 이끌어 줄 불보살님이 그려져 있어 죽음 이후의 세상이 두려움만이 아니라 화평하고 안락할 것이라는 것을 보여주니 선善한 인연 많이 지어 극락왕생을 맹세케 한다. 중단은 재단齋壇을 세워 음악을 연주하고 춤을 추는 의례장면을 잘 묘사해 놓았으므로 죽음 이후 사랑하는 사람들이 나를 위해 49재를 지내 극락으로 갈 수 있는 길을 열어 줄 것이니 안심이다. 하단에는 윤회하는 중생의 모습을 생생하게 묘사하여 보여줌으로써 내가 지금 어떻게 살아야 하는지를 알게 해 주니 이 이상 좋은 참고서가 어디 있겠는가. 안 보면 후회할 것이니 꼭 한번 자세히 보기를 권한다.

아무리 미물이라지만 어찌 이리도 야속한가

화산 용주사

"채비는 다 하였느냐? 내 한시도 지체할 수 없으니 서두르도록 하라."

화산華山 현륭원顯隆園으로 예정에 없던 행차를 명하고 채비를 재촉하는 것으로 보아 정조의 마음이 급했던 모양이다. 고갯마루를 오르느라 일행이 잠시라도 지체하면 "어찌 이리 더디단 말이냐?" 하면서 속이 타는 호령을 하는 모습을 보고 인근 백성들이 지지대遲遲臺라 부르는 언덕을 지나 드디어 부왕의 능에 도착하였다.

"용이 여의주를 희롱하는 형국(盤龍弄珠之形)이라더니 언제 봐도 길지로구나. 살아서 편안하지 못하셨으며 돌아가실 때에도 억울하게 가셨는데 원혼이나마 최고의 길지에 모시기 위해 내 얼마나 애를 태웠던지 말로는 할 수 없을 것이로다."

안도의 한숨인지 깊은 숨을 내쉬면서 주위를 둘러보며 '무엇을 어떻게 해 드리면 좋을까' 하는 생각이 머리를 떠나지 않을 때 능 앞에 서 있는 소나무가 눈에 들어왔는데 그 모습이 심상치 않아 그 연유를 알아오도록 하였다.

"소나무에 송충이가 너무 많아 나무가 병들어 가고 있다고 하옵니다."

"뭣이라! 아무리 어리석은 미물이라지만 어찌 이리도 야속하단 말이냐. 내 땅에 사는 송충이로서 억울하게 돌아가신 내 아버님의 무덤을 지키고 있는 소나무를 너희들이 이리 괴롭혀서야 되겠느냐!"

정조는 송충이 한 마리를 손으로 잡아 큰 소리로 꾸짖으며 이로 깨물었다.

"앞으로 무슨 일이 있더라도 소나무에 송충이가 있는지 없는지 살피는 것을 게을리 하지 말라."

매일 현릉원의 사정을 묻던 어느 날

"그래 어떻다고 하더냐?"

"전하의 효심이 미물마저 감동시켰는지 그 이후로 일대에 송충이는 한 마리도 볼 수 없다고 하옵니다."

"그래. 그래야지."

화산 용주사의 이야기를 찾던 중 정조와 송충이 이야기를 접하고는 '그래 나라도 그랬을 거야.'라고 생각되었다. 이야기

의 진위를 떠나 정조의 그 마음이 너무 와 닿아 내 조급함이 나를 괴롭히기 시작했다. 교통이 편리한 곳에 있다 하니 미룰 것도 없었다. 수원행 기차만 타면 되었다. 그러나 삶이 어찌 그물에 걸리지 않는 바람 같은가? 이 일 저 일이 얽히면서 그 후로도 한참이 지난 후 수원역에 내가 서 있었다. 분주한 모습이었다. 용주사로 바로 떠날까? 아니면 수원 시내를 좀 돌아볼까? 몇 분 고민하다 정조의 어진御眞이 모셔져 있는 화령전으로 발길을 돌렸다.

1990년대 말 조선시대 문화의 황금기라는 진경시대*의 문화를 조명하는 작업이 유행처럼 진행되고 있을 때, 진경시대 문화의 절대적인 후원자이면서 당대를 대표할 만한 최고의 학자이자 예술가이기도 했던 정조에 대한 관심도 증폭되었다. 특히

수원 화성의 화녕전, 그 문을 들어서면 그곳에 정조임금님이 계십니다. 늘 그 모습으로.

개혁의지가 강했던 진취적인 인물로 부각되어 많은 연구가 진행되었다. 그렇지만 그의 마음속 한켠에 자리한 두려움과 외로움은 내내 그를 따라다니는 고질병과도 같은 아픔이었는데 잘 드러나지 않았었다. 정치적인 음모에 휩쓸려 자신의 아버지에게 죽임을 당한 사도세자의 아들이 정조이다. 어린 나이에 아버지의 죽음을 보았고 왕위에 올라서는 아버지를 죽게 한 세력들이 외가요 처가였으며 심지어 궁녀, 환관, 나인조차도 그들의 심복이었으니 하루하루가 얼마나 두렵고 외로웠을까?

정조는 왕위에 오른 후 한시도 맘 편히 잠을 이룬 적이 없었다고 한다. 밤늦도록 독서를 한다든지 신하들과 학문을 토론한다든지 또 몰래 개혁을 구상한다든지 하면서 새벽을 맞았다고 한다. 학문과 예술이 그 어느 때보다 융성하였고 그 자신 이 분야를 대표할 수 있었던 것은 그저 그렇게 온 것이 아니라 정조의 아픔과 두려움이 승화되어 돌아온 것이라 생각하면 늘 짠하다. '늘 편치 않으셨는데 지금은 평안하십니까? 우리가 많이 사랑합니다. 그 사랑이 당신의 편안한 잠자리를 지켜 줄 것입니다. 이제는 쉬세요!' 어진을 향해 그리움의 인사를 드리고 아쉬운 발걸음을 돌렸다.

용주사는 수원역 앞에서 시내버스를 이용하면 금방 가 닿는 곳에 있다. 그리고 절집이 바로 도로가에 있으므로 내게는 더없이 좋은 곳이다. 절집 여행을 위해 사전 조사를 할 때면 빠뜨리지 않고 확인하는 것이 "얼마나 걸어 올라가야 하나요?"이다. "한 5분, 10분 정도예요." 가장 감사한 거리다. 그것도 평지면 두말할 필요 없이 땡큐다. 용주사가 그런 감사한 절집 중 하나였다.

용주사는 정조 14년(1790)에 현릉원의 능사로 활용하기 위해 옛 갈양사(葛陽寺/신라 문성왕 16년(854)에 창건~고려 광종 3년(952)에 소실) 터에 장흥 보림사寶林寺 보경 사일寶鏡獅馹 스님이 화주化主가 되어 창건한 절이다. 정조는 보경 사일 스님으로부터 부모은중경父母恩重經에 대한 설법을 듣고 큰 감동을 받아 부왕을 위해 능사陵寺

를 세워야겠다고 생각했다. 그리고 스님에게 창건의 역사를 명한 후 꼭 4년 만에 완공을 보게 되었다. 낙성식이 있던 전날 밤 꿈에 용이 여의주를 물고 승천하는 모습을 본 정조는 절 이름을 용주사로 하고, 자신에게 부모의 은혜를 일깨워 주고 용주사 창건에 공을 세운 보경 스님에게 도총섭*의 직을 제수하여 용주사를 관장하게 하였으며, 용주사를 규정소糾正所*로 지정하여 사격을 높였다.

정조는 이에 그치지 않고 대웅보전의 후불탱을 그린 단원檀園을 시켜 부모은중경의 내용을 그림으로 그리게 하고 글로 새겨 용주사에 모시게 하였는데 지금은 지방문화재로 지정되어 있다. 임금을 감동시켰던 부모은중경은 부처님께서 말씀하신 부모님의 은혜 10가지를 정리한 경전이다. 석가모니 부처님께서 왕사성 사위국 기수급고독원에 계실 때의 일화를 소개하면서 시작되는 경전의 곳곳에는 마음을 먹먹하게 하는 내용들이 실려 있다. 부모를 둔 자식이라면 죽기 전에 꼭 읽어야 할 경전이다.

석가모니 부처님께서 제자 아난과 대중을 거느리고 남쪽으로 길을 떠나시면서 한 무더기의 뼈가 있는 곳에 이르자 그것을 보고 오체투지로 예배하니 아난과 대중은 깜짝 놀라 부처님께 여쭈었다.

"삼계의 큰 스승이시며 만 중생이 귀의하고 예배드리는 여래이신데 어찌 저 마른 뼈 따위에 예배하십니까?"

"아난아, 너는 나의 상수제자로서 출가한 지도 오래되었거늘 아직 알지 못하겠느냐? 이 한 무더기의 마른 뼈가 전생의 나의 부모였을지도 모르니 예배한 것이다."

"부끄럽사옵니다. 그 깊은 뜻을 알지 못하였습니다."

"아난아, 그렇다면 너는 지금부터 남자의 뼈와 여자의 뼈를 구분해 보도록 하여라. 할 수 있겠느냐?"

"사람이 죽고 남긴 뼈는 모두 한가지인데 어떻게 구분할 수 있겠습니까?"

"구분이 가능하니라. 혹 남자의 뼈라면 희고 무거울 것이고 혹 여자의 뼈라면 검고 가벼울 것이다."

"어찌하여 그러하옵니까?"

"아난아, 잘 들어라. 남자들은 세상에 있을 때 때로는 절을 찾아 좋은 설법을 듣고 삼보에 예배하고 부처님의 명호를 염하기도 했기 때문에 그 뼈가 희고 무거우니라. 하지만 여자는 세상에 있을 때 정을 통하고 자식을 낳아 기른다. 자식 하나를 낳을 때마다 진한 피 3말 3되를 흘리고 8말 4되의 젖을 먹여야 하기 때문에 그 뼈가 검고 가벼우니라."

우연히 사석에서 큰스님으로부터 이 이야기를 들었을 때는 부모님과 헤어진 얼마 후였기 때문에 얼마나 눈물을 흘렸던지 주위를 당황케 했었다. 자식 넷을 두었으니 우리 엄마의 뼈는 도대체 어떻게 되었을까? 내가 어떻게 할 수 없다는 상황이 미칠 것만 같았다. 그때는 무슨 뜻인지 헤아려 새길 사이도 없이 슬퍼서 울기만 했는데 지금 다시 찬찬히 읽고 정리하다 보니 또 다른 아픔이 절절했다. 좀 길어지긴 하겠지만 하나씩 써 보려 한다.

'회탐수호은懷耽守護恩, 나를 잉태하고 지켜주신 은혜로, 그 첫 번째이다.' 태산 같은 무거운 몸을 조심하는 모습이 잘 그려져 있다. 그런데 너무나도 인상적인 것은 오직 뱃속의 자식이 걱정되어 자신의 몸을 치장하는 데는 조금의 뜻도 없으니 단장하기 위해 매일 앉았던 경대에는 먼지만 쌓였다는 것이다. 한 발짝이라도 밖으로 나가려면 여자들은 거울부터 들여다보는데 먼지만 쌓여 있는 경대라니, 태어나지도 않은 자식을 위해 이미 자신은 없어진 것이다.

'임산수고은臨産受苦恩, 해산

1981년 세운 부모은중경탑입니다. 탑을 보면서 늘 놓치고 사는 부모님의 은혜를 깊이 생각했습니다.

의 고통을 이겨내고 나를 낳아주신 은혜로, 그 두 번째이다.' 해산달이 다가오면 두렵고 떨리는 마음 무엇으로도 형용할 수 없으니 이러다 죽지 않을까 걱정만 한다고 한다. 인간의 어떤 기억이 뇌 속에 깊이 자리하기 위해서는 한 가지 문제를 적어도 5~7번 정도 반복해서 경험해야 하는데 이때 인간의 오감이 적극 개입하면 더욱 오랫동안 남는다고 한다. 여자들이 절대 잊지 못하는 해산의 두려움과 고통의 강도는 단 한 번일지라도 이보다 더했으면 더했지 덜하지는 않을 것이다. 그러니 둘만 모여도 당시를 회상하며 몸서리치지 않는가? 그러나 그 순간을 잘 이겨냈으니 여자는 어머니가 된 것이다.

'생자망우은生子忘憂恩, 나를 낳고 모든 근심을 잊으신 은혜로, 그 세 번째이다.' 짐승 잡은 자리 같이 피가 흘러 넘쳐도 낳은 아이가 아무 이상이 없이 건강하다는 말을 들으면 기쁘고 기쁜 마음 그 어디에도 비할 데가 없다고 한다. 온몸이 땀범벅이 된 산모가 "우리 아이 손가락 발가락 다 있어요? 아무 이상 없이 건강해요?"라고 묻기부터 하는 모습을 익히 보아 왔다. 정상이며 건강하다는 말을 들으면 자신이 겪은 고통쯤은 잊은 듯 그 얼굴에는 웃음이 만연하나 몸은 이미 지쳐 늘어진다. 자신의 모든 것은 이제 자식의 것이다.

'인고토감은咽苦吐甘恩, 쓴 것을 삼키고 단 것은 먹여주는 은혜로, 그 네 번째이다.'

'회건취습은廻乾就濕恩, 마른자리 골라 나를 눕히고 젖은 자리 누우시는 은혜로, 그 다섯 번째이다.' 좋고 귀한 것 자식에게만 주다 보면 내 부모는 그런 것들을 싫어하나 싶어 자식들은 부모에게 뭘 드려야 할지 모른다고 한다. 부모도 좋고 귀한 것을 갖고 싶다는 의사를 표현하면서 살았으면 좋겠다. 알아야 줄 것 아닌가? 불효자식은 부모가 만든다.

'유포양육은乳哺養育恩, 젖을 먹여 길러주신 은혜로, 그 여섯 번째이다.' 8말 4되의 젖을 먹여야 아이 하나를 키운다고 부처님께서 말씀하셨다. 달리 무슨 설명이 필요하겠는가? 자식들만 모를 뿐.

'세탁부정은洗濁不淨恩, 더러운 것을 깨끗하게 씻어주신 은혜로, 그 일곱 번째이다.' 부모님의 은혜가 크면 클수록 부모님의 모습은 여위어 가고 손은 거칠어진다고 한다. 손에 물 한 방울 튀면 죽을 것처럼 살다가 내 아이 옷가지 빨래는 맨손을 마다하지 않는다. 그래서 아이 하나 키우고 나면 여기저기 불거진 힘줄로 어디에 내놓기가 부끄러워지는 손! 어머니의 손이다.

'원행억념은遠行憶念恩, 멀리 떠난 자식을 걱정해주시는 은혜로, 그 여덟 번째이다.' 집 떠난 자식을 위해 하루도 빠짐없이 아랫목에 밥 한 그릇씩 묻어두던 분들이 우리네 어머니들이다. 먼 길 떠난 자식 낯선 땅에서 굶지 않게 해달라는 간절함이 담긴 밥 한 그릇이다. 그 밥은 식은 밥이 되어 어머니의 몫이 된다. 신이 너무 바빠 곳곳에 어머니를 보내셨다는데 눈에 보이지 않는 신은 하늘같이 모시면서 살아 있는 신, 내 부모는 헌신짝처럼 버리니 신을 모시지 않은 그 업 다 어찌 받으려는 걸까? 도대체 겁이라고는 없는 자식들이다.

'위조악업은爲造惡業恩, 나를 위해서는 나쁜 일도 하시는 은혜로, 그 아홉 번째이다.' 위장전입, 부정입학, 군입대 특혜의혹, 부모의 출세 길 발목 잡는 대한민국의 병폐다. 하기 싫은 일도 해서는 안 되는 일도 자식을 위해서라면 눈 딱 감고 하는 것이 부모다. 자식이 원하는 것인지 부모의 욕심인지 알 수 없지만 내 자식 앞길의 장애물은 무엇이든 걷어내고야 마는 대한민국의 어머니 어머니!

'구경연민은究竟憐愍恩, 생이 다할 때까지 나를 사랑하고 가엾이 여기는 은혜로, 그 열 번째이다.' 부모은중경은 그림으로도 그려져 있어 굳이 글을 몰라도 그 내용을 이해하는 데 어려움이 없다. 열 번째 은혜의 그림은 문 앞에서 지팡이를 짚은 늙은 어머니가 허리 굽은 자식을 어루만지고 있는 모습이 그려져 있다. 백 살 된 부모가 여든 살 자식을 걱정한다고 한다. 그 걱정 수명이 다하면 쉬실까? 아니다. 죽어 혼령이 되어도 자식을 지키려는 불가사의한 이야기는 드물지 않게 접할 수 있다. 인연의 고리 끊기가 그리 어려운지 가끔 두려운 생각이 들 때도 있다.

정리하다 보니 부모에게 자식이란 그 자체만으로도 애간장을 녹이는 그런 미친 존재인 것 같다. 부모가 제일 소원하는 것은 자식이 저녁에 집에 돌아와 하루 종일 밖에서 무슨 일이 있었는지 이야기해 주는 것이라 한다. 생각해 보면 그리 어려운 일도 아닌데 자식들은 하지 않는다. 부모님의 은혜를 다 갚으려면 부모님을 업고 수미산을 백천만 번 돌아도 다 할 수 없다고 하는데, 그것보다 살아계실 때 조잘거리는 것이 훨씬 쉽지 않을까?

용주사 마당에 가면 정조가 하사한 부모은중경을 복각하여 1981년에 세운 3층 은중경탑이 있다. 효와는 뗄래야 뗄 수 없는 용주사는 가는 길도 수월하니 어느 계절 어느 때라도 찾아가 한 번쯤 내 부모를 위해 간절히 기도하는 것은 어떨까 싶다. 늦어 후회하기 전에 말이다.

그리고 빠뜨리지 말고 봐야 할 것이 대웅보전의 후불탱이다. 당시로서는 그 유례를 찾아볼 수 없었던 서양의 화법으로 그려진 걸작이다. 청나라 선진 문물에 심취해 있던 정조의 명령에 따라 북경의 천주당에 가서 서양화법으로 그려진 천주교 성화를 보고 와 그 법식대로 그렸을 것이라 추측한다. 그리고 이 후불탱에 쓰여진 기법의 정확성은 서양화법이 보편화되어 있는 지금도 뛰어나다는 평가를 받고 있다. '단원'의 솜씨다.

놓치면 크게 후회할 대웅보전 후불탱은 단원의 솜씨다.

* 진경시대眞景時代라는 것은 조선 왕조 후기 문화가 조선 고유의 색채를 드러내면서 만개했던 문화절정기를 일컫는 문화사적인 시대 구분의 명칭이다.
* 총섭摠攝은 임진왜란 때 전국 단위의 승군僧軍을 조직하여 위기에 처한 나라를 도운 서산휴정西山休靜 스님에게 선조가 제수한 승직이다. 팔도선교십육종도총섭八道禪敎十六宗都摠攝, 비상시에 주어진 일시적인 승직이었지만 전란 이후에도 지속되어 주로 산성을 쌓고 지키는 일이라든지 왕조의 실록을 수호하는 일이라든지 전국의 주요 절집의 주지의 일을 관장하는 책임자에게 주어졌는데, 전국 단위로 두었으므로 도총섭이라 부르기도 하였다.
* 규정소糾正所는 전국 승려의 기강을 진작하고 승풍을 규찰하는 기구로 전국에 5군데를 두었는데, 광주 봉은사奉恩寺, 양주 봉선사奉先寺, 남한산 개운사開雲寺, 북한산 중흥사重興寺, 수원 용주사가 당시의 5규정소였다.

내가 나를 이겨 냈구나

소요산 자재암

'이 마음이란 놈은 잡아 놓으면 저만치 도망가 버리고 또 붙들고 와 앉혀 놓으면 손가락 사이로 빠져나가 버리니 아무래도 너란 놈과 내가 한판 붙고야 말겠구나.'

요석궁에서의 3일은 원효 스님이나 요석瑤石 공주 두 사람에게는 잊을 수 없는 시간이었다. 그러나 성聖과 속俗의 경계가 다른 두 사람이 헤어져야 한다는 것은 예견된 일이었다. 애욕이라는 덧없는 것에 집착하고 얽매임으로써 괴로움과 번뇌에 허덕이는 중생의 삶을 살 수는 없는 일이라 원효 스님은 이별을 아파하는 요석 공주를 남겨 두고 경주에서 멀리 떨어진 소요산 속으로 들어갔다. 떠나온 사랑을 정리하고 마음을 일신하기에 적합한 곳이라 생각하여 선택한 곳이었다. 그러나 어디 마음이란 놈이 그리 호락호락한 것인가? 힘든 나날이 계속되었지만 더욱 자신을 다잡고 혹독한 수행의 나날을 보내고 있었다. 비바람이 온 세상을 날려 버릴 것 같이 거세게 불고 있던 그날도 예외 없이 마음이란 놈을 붙잡고 한판 씨름을 벌이고 있었다.

"흑흑흑."

갑자기 귓전을 울리는 여인의 흐느끼는 소리가 들렸다. 거센 바람에 촛불이 꺼지듯 한순간 흐트러졌다.

'이 깊은 산중 이 시각에 웬 여자의 울음소리가? 혹시 그 먼 곳에서? 내가 잘못 들었겠지!'

몸을 다시 고쳐 앉아 마음을 다잡았다.

"흑흑흑. 흑흑흑."

여인의 울음소리는 끊이지 않고 들려왔다.

'아직도 내 공부가 미흡하여 여인을 동경하는 마음이 남아 있었구나. 한심한 일이로다. 내 이 마음을 이겨내기 전에는 결코 자리를 뜨지 않을 것이로다.'

더욱 마음을 챙겨 앉았는데 이제는 본격적으로 문을 두드린다.

"문 좀 열어 주세요. 제발 문 좀 열어 주세요."

애타게 부르는 소리에 잠시 망설이던 스님은 혹시나 싶어 문을 왈칵 열었다. 비바람에 온몸이 젖은 낯선 여인이 애원을 하며 서 있는 모습이 흐린 불빛 속으로 들어왔다.

"앞도 볼 수 없는 이 비바람에 길을 찾을 수가 없습니다. 제발 오늘 하룻밤만 재워 주십시오. 그 은혜 잊지 않겠습니다."

'어찌해야 한단 말인가? 혼자인 방에 들일 수도 없고 그렇다고 이 비바람 속에 내칠 수도 없는 일이니 말이다.'

잠깐 생각에 잠겼던 스님은 여인을 방안으로 들이고 방 한켠에 조용히 자리를 잡고 삼매에 들었다.

"수행하는 스님이신 듯하온데 이렇게 어두운 밤에 찾아와서 정말 죄송합니다. 비바람 속이라 어찌할 수 없었습니다. 그런데 비를 맞았더니 너무나도 춥습니다. 스님, 폐가 되지 않는다면 제 몸을 비벼 녹여주실 수 없을까요?"

온몸이 젖어 와들와들 떨고 있는 여인이 무례한 요구를 하는데 이러지도 저러지도 못한 채 원효 스님의 마음은 복잡하기만 하였다.

'그래, 모든 것은 내 마음에 달린 것이니 색심을 떨쳐 버리면 저 여인은 목석이로다.'

스님은 여인을 안아 눕히고 떨고 있는 몸을 만져 녹이기 시작하였다. 그러나 한순간 일어나는 색色의 마음을 자재할 수 없었던 스님은 여인을 밀쳐내고 잠시 혼란한 마음을 다잡고 다잡아 평정을 되찾았다. 그리고선 다시 여인에게 다가가 여인의 몸을 비벼 녹여주면서 일심염불하기 시작하였다. 자비의 마음으로 색심을 누르고 다만 도움을 간절히 원하는 한 생명체에게 온 정성을 다한다는 마음으로 여인의 몸을 녹여주었다. 마침내 여인의 몸은 서서히 녹아 평소의 모습으로 돌아왔다. 하지만 정신을 차린 여인이 이제는 고혹적인 모습으로 스님 곁으로 와 앉았다. 그렇게 다잡았던 마음에 또다시 잔물결이 일었다. 재빨리 정신을 차린 스님은 밖으로 나와 뼛속까지 시린 폭포수에 몸을 담그고 마음을 하나로 모으려고 애썼다. 그 순간 방안에 있던 여인도 스님을 따라 밖으로 나와 옷을 벗어던지고 폭포수에 뛰어 들었다. 눈이 부시도록 아름다운 여인의 나신이 생명체 이상으로 다가오기 전에 스님은 단호한 목소리로 말하였다.

"도대체 당신은 무엇 때문에 이리도 요상한 짓을 아무렇지도 않게 한단 말이오! 나를 유혹해서 뭘 어쩌겠다는 것이오!"

"아니옵니다. 스님, 저는 스님을 유혹한 적이 없습니다. 그렇게 말씀하신다면 그것은 스님의 그 색의 마음이 스님을 동요하게 한 것이겠지요. 그것을 이겨내지 못한 스님의 마음 탓이지 어찌 저의 탓이라 하십니까?"

이 말을 들은 원효 스님은 찰나에 섬광을 본 듯하였다.

'그래, 바로 그것이다. 내가 또 잊었구나. 모든 것은 나의 마음으로 인해 일어나는 것이니 나의 마음을 멸하는 그 순간 내 몸과 마음은 하나가 된다는 것을 말이다.'

경계가 사라진 스님은 마음의 평정을 찾아 사물의 제자리를 볼 수 있게 되었다. 티끌만큼의 동요도 없이 나신의 여인을 스쳐 물 밖으로 나오던 스님은 무심히 뒤를 보았다. 눈이 부셨다. 물속에서 나온 그 여인은 어느새 금빛 찬란한 보살이 되어 폭포수를 거슬러 올라가고 있었다.

'내가 나를 이겨 내 몸과 마음을 내 뜻대로 하였구나!'

원효 스님은 그 자리에 암자를 세우고 자재암自在庵이라 이름하였다.

"자재自在", 한때 이 말이 내 머릿속을 온통 차지한 적이 있었다. 순간순간 나를 다스릴 수 없어 실수가 잦았던 때의 일이었다. 물론 지금도 진행 중인 고민이지만 세상에는 내가 어떻게 할 수 없는 일이 너무 많다는 것을 알았으니 실수의 횟수는 많이 줄었다. 그즈음 소요산 자재암도 알게 되었다. 너무나 와닿는 절집 이름에 순간 쏘옥 빠져버렸다. 더군다나 원효 스님의 이야기가 관련되어 있다니 더욱 당길 수밖에 없었다.

언젠가 공부가 깊어질 즈음 원효 스님과 의상義湘 스님에 관한 글을 쓰고 싶은 작은 바람이 있다. 너무나도 다른 삶을 꾸린 두 사람이지만 그 누구보다도 서로를 알아본 멋진 두 사람의 삶을 내 식대로 그려보고 싶은 것이다.

의상 스님과 당나라 유학길에 올랐다가 밤이슬을 피하기 위해 들어갔던 오래된 무덤에서의 깨달음으로 원효 스님은 당나라로의 유학이 큰 의미가 없음을 깨닫고

소요산 자재암 현판과 대웅전.

"한 생각이 일어나니 갖가지 마음이 일어나고
한 생각이 사라지니 갖가지 마음이 사라진다.
삼계가 허위이니 오직 마음이 짓는 것이다."
(心生卽種種心生 心滅卽種種心滅 三界虛僞唯心所作)
라는 말을 남기고 신라로 되돌아왔다.

하지만 의상 스님은 동양사회의 중심이면서 서양과도 적지 않은 교류를 가지고 있었고, 세계 문명의 큰 줄기가 만나는 중심지로 떠오른 당나라로의 유학길을 포기할 수 없었다. 두 사람의 삶의 방향이 갈림길에 놓이는 순간이었다. 그렇게 헤어졌던 의상 스님이 신라로 돌아와 동해 금강굴金剛窟에 상주하신다는 관세음보살님을 친견하고 낙산사洛山寺를 창건하였다는 이야기를 듣고 원효 스님은 자신도 관세음보살님을 친견하기로 작정을 하고 동해로 발길을 돌렸다. 다분히 아상심我相心이 깃든 라이벌 의식이 아니었을까?

"이것 보소. 길을 걷다 보니 목이 마른데 물 좀 줄 수 있겠소?"

"그러지요."

흰옷을 입고 맑은 시내물가에서 빨래를 하고 있던 여인은 맑은 윗물은 놔두고 아래의 흐린 물을 바가지에 담아 건네는 것이었다. 화가 난 원효 스님은 별 이상한 여인네도 다 있다는 듯이 흐린 물을 내버리고 몸소 맑은 물을 떠 마시고 말없이 그 자리를 떠나 길을 재촉하였다. 한참을 걷다 언덕 위에 소나무 그늘이 있어 잠시 쉬려고 앉으니 소나무 위로 파랑새 한 마리가 날아와 앉으며 "휴재호화상" 하고 울고는 어디론가 사라졌다. 새소리를 들은 원효 스님은 예사롭지 않은 생각이 들어 파랑새가 울던 소나무 밑을 자세히 보니 여자의 신발인 듯한 것이 한 짝 놓여 있었다. 생각이 꼬리를 물고 일어났지만 가던 길을 미룰 수 없어 일어나 걷다 보니 마침내 낙산사가 보였다. 과연 의상의 힘이 느껴지는 곳이었다. 먼저 관세음보살님께 예를 올려야겠다고 생각한 원효 스님은 법당에 들어가 예를 드리고 일어서려는데 관세음보살상 아래 이상한 것이 보여 가까이 가서 보았더니 오던 길에 소나무 아래에서 보았던 신의 나머지 한 짝이 놓여 있는 것이었다.

'관세음보살님이셨구나. 어리석은 중생 원효를 깨치려고 나투셨는데 나의 아상심이 내 눈을 가렸구나. 일체가 마음이 만드는 것이라는 것을 깨닫고 그 많은 공부를 했음에도 나는 아직 갈 길이 멀었구나. 아니지 아니야! 너무 마음에만 매달리다 보니 정작 내가 몸담고 있는 이 세간의 사물을 보살피는데 인색했구나. 하화중생下化衆生이 없는 상구보리相救菩提가 무슨 소용이랴. 내 중생 속에서 공부를 이루리라.'

시장 바닥에서 뒹구는 거지까지도 "나무아미타불 관세음보살" 할 수 있었던 것도 다 원효 스님의 이런 깨달음 때문이었을 것이다.

소요산 일대에는 원효 스님과 요석 공주의 흔적이 곳곳에 서려 있다. 요석 공주가 소요산 입구에 별궁을 짓고 원효 스님과의 사이에서 태어난 아들 설총薛聰을 키우면서 살았다는 별궁터와, 산 정상에서 수행 중인 그리운 남편이 하루라도 빨리 대자유인이 되기를 간절한 마음으로 기도하였다는 바위 등 사람들은 두 사람을 기억하려 곳곳에 이야기를 묻어두었다. 혹자는 후대 사람들이 윤색한 이야기일 뿐 역사적인 고증은 어렵다고 잘라 말하기도 한다. 뭐가 문제란 말인가? 사랑하는 사람을 먼발치에서나마 볼 수 있다면 지옥 끝까지라도 갈 수 있는 것이 여자다. 그 여자의 사랑을 기억하고픈 사람들의 마음이 만들어낸 이야기라면 역사적 고증쯤은 없어도 괜찮지 않을까? 단풍색이 짙은 가을 소요산에 깃든 사랑을 찾아 떠나보자!

함께하지 못한 아픈 사랑이 깃든 곳이 자재암입니다. 요석공주가 집을 짓고 아들을 키우면서 원효스님을 그리워한 곳이라고 합니다.

백정인 저희들도 성불할 수 있을까요?

칠현산 칠장사

'왜 이리도 목이 마른지 모르겠군.'

"저기 바가지 좀 빌릴 수 없겠소."

"거참 싱거운 사람이로세. 바가지를 우물에서 찾아야지 예서 찾으면 어찌하오."

볕이 좋은 날 절집 마당을 서성이고 있던 혜소慧昭 스님 앞에 수염이 덥수룩하고 눈이 부리부리한 웬 사내가 와서 무례한 몸짓으로 말을 건넸다. 알아들을 수도 없는 말을 하면서 우물가로 발길을 돌리는 사내를 혜소 스님은 물끄러미 쳐다보았다.

'어디 보자. 바가지가 어디에 있나. 아니 이게 무슨 일인가? 물바가지가 금바가지네. 어째 이런 일이. 누가 본 사람은 없겠지? 얼른 가지고 여기를 나가자!'

금바가지를 본 사내는 아랫마을 사는 백정으로 아미산阿彌山

에 왔다가 목이 말라 칠장사漆長寺로 물을 마시러 왔던 것이다. 그런데 뜻하지 않게 금바가지를 봤으니 욕심이 안 날 리가 있겠는가? 얼른 물 한 모금을 마시고 품 속에 금바가지를 숨겨 누가 잡을까 황급히 절집을 빠져 나가고 있었다. 그 모습을 본 혜소 스님은 의미심장한 미소를 띠며 그 자리에 서 있었다.

'이걸 어디다 숨겨야 하지? 그래 쌀 뒤주에 잘 넣어두면 되겠다. 장날에 내다 팔면 한몫 챙기겠지? 아이고 좋아라!'

금바가지를 잘 챙겨둔 사내는 동료들이 있는 곳으로 갔다.

"아니, 자네는 어디로 슬그머니 빠졌다가 이제야 나타나는가?"

"내가 뭘. 목이 말라 칠장사 우물가에서 물 한 바가지 마시고 왔지."

"물 마시고 온 놈이 뭐가 좋아 그리 싱글거리는가?"

술잔이 오고가던 중 아무래도 사내의 행동이 수상하다고 생각한 동료들은

'분명 칠장사 우물가에서 무슨 일이 있었으니 저놈이 저리 싱글거리지? 내일 나도 가봐야겠군!'

술자리에 앉아 있던 동료 백정들은 말을 내뱉지는 않았지만 속마음은 같았다. 그날 이후로 똑같이 생긴 사내들이 하나씩 칠장사를 들락거리는 모습을 본 혜소 스님은 때가 그리 멀리 않았음을 감지하였다.

'아니, 도대체 이게 어찌된 일이냐고! 잘 넣어둔 금바가지가 하늘로 솟았나 땅으로 꺼졌나. 환장하겠네!'

장날이 다가오자 숨겨 두었던 금바가지를 내다 팔 생각으로 몰래 쌀뒤주를 열었던 사내는 감쪽같이 사라진 금바가지 때문에 미치고 팔짝 뛸 지경이었다. 이런 사정은 사내의 동료 백정들도 마찬가지였다. 이 귀신이 곡할 노릇에 놀란 칠장사 아랫마을 백정들은 뭔가 이상한 생각이 들어 하나 둘씩 모여들기 시작했다.

"자네들 혹 이상한 일이 일어나지 않았나?" "아니 자네도!"

제각각 입을 열어 지난 일을 이야기해 보니 아뿔사! 똑같은 일이 서로에게 일어난 것이 아닌가.

"이건 분명 예사 일이 아닐세. 칠장사 부처님과 스님을 속이고 도적질을 한 우리들이 장차 어떤 벌을 받을지 큰 걱정이네. 어찌하면 좋겠는가?"

"달리 방도가 있겠는가? 내일 다 함께 칠장사로 올라가 죄를 비는 수밖에."

다음날 다시 모이기로 하고 두려운 마음을 안은 백정 일곱은 뿔뿔이 흩어져 사라졌다.

선정삼매에서 깬 혜소 스님은 일찍부터 손님 맞을 준비가 한창이었다. 그런 사실을 알지도 못하는 일곱 백정은 무거운 마음을 안고 칠장사에 다다르고 있었다.

"스님, 잠깐 뵈올까 합니다."

"내 기다리고 있었소이다. 어서들 오시오."

"기다리고 있었다."는 스님의 말에 예의가 뭔지도 모르는 이들이 어색한 몸짓을 하며 놀라 쳐다보았다.

"죽을죄를 지었습니다. 부처님과 스님의 눈을 피해 도적질을 했습니다. 평소 산목숨을 죽여 벌어먹고 사는 미천한 백정놈들이 우물가에서 금바가지를 보니 눈이 뒤집혔나 봅니다. 용서하여 주십시오."

"내 이미 자네들을 알고 있다네. 어떻게 하면 자네들을 바른 길로 이끌까 생각하다 신력을 조금 빌렸다네. 많이 놀랐겠구만. 부처님께서는 '거짓되지 않아 순박하고 정직한 마음이 생기면 나 그를 위하여 훈계하고 가르치고 설법할 것이로다.'라고 말씀하셨네. 자네들이 이렇게 참회하는 순간 자네들은 이미 부처님의 가르침을 받을 자격이 주어졌다네. 부처님보다는 못하겠지만 내가 자네들을 가르쳐도 되겠는가?"

"흑흑흑. 여부가 있겠습니까? 그런데 무지렁이 백정놈들도 성불할 수 있을까요?"

"물론이네. 만일 자네들이 계를 잘 지녀 행한다면 옳지 않은 일을 함이 없으니 뉘우칠 일이 없을 것이며, 뉘우칠 일이 없다면 즐거울 것이고, 사람이 즐거우면 당연히 기쁠 것이며, 기쁘면 몸이 편할 것이고, 몸이 편하면 마음 또한 산란하지 않고 고요하게 될 것이네. 마음이 고요하게 되면 모든 사물을 바로 보고 참되게 알 수 있으며, 만일 모든 것을 바로 보고 참되게 안다면 욕심을 낼 까닭이 없지 않겠나? 이것이 바로 해탈에 이르는 길이니 성불하는 것이 아니겠나? 조금도 늦지 않았네. 지금이 바로 그때라네."

"죽을 힘을 다해 따르겠습니다."

그날로 '계'를 지녀 행하면서 불법 하나하나를 지성으로 배우고 익힌 일곱 백정은 마침내 성불하였다고 한다. 이후 일곱 백정이 도를 이루어 현인이 되었다 하여 산 이름을 아미산에서 칠현산으로 바꾸어 부르고, 절 이름도 칠장사漆長寺에서 칠정사七丁寺로 부르다가 지금은 칠장사七長寺가 되었다고 전한다.

일곱 백정을 깨달음으로 이끌었던 혜소 스님은 이곳 칠장사에서 입적하였는데, 그 후 일곱 스님도 흔적도 없이 사라졌다고 한다. 이후 사람들은 일곱 스님을 나한상으로 조성하여 앙증맞은 나한전羅漢殿에 모셨는데, 칠장사 나한전은 입시철이 되면 문전성시를 이루면서 유명세를 치른다고 한다. 그 까닭은 조선후기 암행어사로 이름을 떨치던 박문수가 한양으로 과거를 보러 가던 길에 칠장사에서 하룻밤을 묵으면서 나한님전에 합격을 기원하는 간절한 기도를 드리고 잠자리에 들었는데 꿈속에서 부처님께서 알려준 문제가 그대로 출제되어 장원급제를 하였다는 소문이 퍼지면서 나한님의 영험을 기대하는 많은 사람들이 찾기 때문이라고 한다.

칠장사는 "벽이심조僻而深阻, 후미진 데다가 깊이 막혀 있는 곳"이라 하여 고려시대에는 왜구를 피해 충주 개천사開天寺에 보관 중이던 사적 『고려사』를 옮겨와 보관하였을 정도로 깊은 골이었다. 꼭 그래서만은 아니겠지만 희한하게도 얽힌 이야기가 많기도 하다.

정치, 경제, 사회 전반에 걸친 문제를 드러내고 있던 통일신라 말기, 과중한 조세의 부담과 수탈로 거주지를 떠나 도망하거나 초적이 된 각 지방의 농민들은 조세를 거부하고 중앙정부와 진골귀족에 항거하는 봉기군이 되어 전국을 휩쓸었다. 이러한 상황에서 견훤과 궁예는 백성들의 신라에 대한 반감을 이용해 나라를 세워 후삼국을 이루기도 하였다.

그 중 궁예는 신라왕의 서자로 태어났으나 중앙의 권력 다툼에서 희생되어 신라 왕실로부터 버림을 받고 불우한 어린 시절을 보낸 후 성장하여 출가한 승려가 되었다. 그러나 그의 신라 왕실에 대한 복수심은 꺼질 줄 모르고 날로 자라나 결국 들불처럼 일어나던 농민봉기에 가담하여 혁혁한 공을 세우더니 점차 독자 세력을 형성하여 "고구려의 부흥"이라는 구호 아래 후고구려를 건국하고 스스로 왕이 되었다.

그는 태어나면서 왕실을 위협하는 불길한 아이로 지목되어 버림을 받고 유모의 품에 안겨 도망치듯 칠장사로 들어와 외롭게 자라면서 매일같이 무술을 연마하였는데, 특히 절 뒷마당에서 했던 활쏘기 연습으로 그의 이름에서도 알 수 있듯이 신궁에 가까운 활솜씨를 갖게 되었다고 한다. 지금도 칠장사 명부전 뒤에 궁지가 있어 궁예와 칠장사의 인연을 이야기해 주고 있다.

신라시대 칠장사에 궁예가 있었다면 조선조 명종 대에는 백정 출신의 의적 임꺽정이 있었다. 임꺽정과 그의 무리들이 칠장사와 인연을 맺게 된 것은 그가 스승으로 모셨던 병해대사甁亥大師로 인해서였다. 병해대사는 조광조趙光祖가 자주 찾아 담론을 나누었던 갖바치로 알려진 은둔군자로 말년에 승려가 되어 칠장사에 머무르고 있었다. 이때 임꺽정은 병해대사의 제자가 되어 글도 배우고 무술도 익히면서 차츰 모순된 사회에 저항하는 의적이 되었다. 그의 신출귀몰한 활동은 중앙정부를 위협하기에 충분하였으나 결국 3년 만에 정부군에 의해 진압되고 말았다. 임꺽정은 자신이 의적으로 성장하였던 이곳 칠장사에 정부군을 피해 몸을 숨기기도 하였다.

임꺽정이 활약했던 명종 대의 정치, 경제, 사회 전반의 문제가 해결되지도 않은 채 왕위 교체가 이루어졌던 조선은 선조 대에도 정쟁은 계속되었고 내정은 여전히 불안하였다. 특히 약

화된 군사력과 변화하는 국제정세, 특히 일본의 동향을 제대로 파악하지 못했던 것이 화근이 되어 선조 25년(1592) 임진년에 왜란이 발생하였으니 저항조차 하지 못하고 온 나라가 초토화되었다. 부산진과 동래성을 함락시킨 왜군이 거침없이 서울을 향하던 중 이곳 칠장사에 들어와 경내를 더럽히려 하자 어떤 노승이 홀연히 나타나 적장 가등청정加藤淸正을 크게 꾸짖으니 화가 난 가등청정이 칼을 빼어 노승의 목을 치자 노승은 사라지고 혜소국사비慧昭國師碑가 갈라지면서 피를 흘렸다. 이것을 본 왜군의 무리는 놀라 도망치기에 바빴으므로 칠장사는 안전할 수 있었다고 한다. 이러한 이적을 행한 혜소국사는 바로 일곱 백정을 교화시켜 깨달음에 이르게 했던 혜소 스님으로 고려 문종 때 국사에 봉해졌고 칠장사에서 마지막을 보내고 열반에 들었던 분이다. 난리 속에서 절집이 위기에 처하자 신력으로 나투시어 절집을 지켰던 일은 지금도 갈라진 채 비각 안에 모셔져 있는 혜소국사비가 증명하고 있다.

7년간의 왜란은 승자도 패자도 없이 끝났다. 그러나 그 피해는 헤아릴 수 없었으므로 피해를 복구하고 사회체제를 재정비하는 일은 가장 우선적으로 해결해야 할 과제로 떠올랐다. 그러나 정치는 붕당으로 다시 갈라지고, 각 붕당들이 내세우는 사회문제에 대한 해결방안도 정치적 위상이나 이해관계에 따라 달라졌으므로 나라는 다시 혼란에 빠지게 되었다. 임진년

왜란이라는 국가의 비상사태 속에서 왕위에 오른 광해군은 한양을 비우고 피난을 떠났던 아버지 선조를 대신하여 전쟁으로 인한 피해를 복구하고 재정기반을 재건하였으며 민생의 안정을 위한 혁신적인 정책을 추진하는 등 내치에 온 힘을 기울였다. 특히 기존의 친명배금정책에 반하는 새롭게 성장하고 있는 후금과 탄력있는 외교관계를 추구하여 내치뿐만 아니라 외교면에서도 많은 성과를 거두었다.

그러나 광해군은 정비에게서 후사를 보지 못했던 선조의 후궁에게서 태어난 서자이면서 둘째 아들이었으므로 적장자로서 왕위에 오른 인물이 아니었다. 아들과 마찬가지로 서자로 왕위에 올라서인지 적장자의 왕위계승에 유독 강한 집착을 보였던 선조는 정비 의인왕후가 죽자 어린 인목왕후를 맞아 그렇게도 소원하던 적장자의 생산을 보았다. 바로 선조의 유일한 적장자 영창대군이었다. 새로 태어난 영창대군과 인목왕후는 광해군에게는 왕위를 위협하는 정적이었다. 결국 광해군은 그의 형 임해군과 배다른 동생 영창대군을 살해하고 인목대비를 서궁에 가두어 정적을 일시에 제거하였으나 "살제폐모殺弟廢母"의 반인륜적 행위를 함으로써 국가가 위기에 처한 상태에서 비범한 정치적 역량을 발휘하여 나라를 이끈 공이 컸음에도 불구하고 반정의 명분을 제공하게 되었다.

명분과 의리를 중시했던 사림세력, 즉 그의 반대당 서인세력

소박한 천왕문 너머로 그리운 천왕님이 계십니다.

들은 광해군의 외교 정책에도 큰 불만을 품고 선조의 서자 능양군의 아들 종倧을 내세워 반정을 꾀해 성공시킨다. 반정세력에 힘입어 왕위에 오른 인조는 먼저 광해군을 유배시키고 인목왕후를 복위시킨다. 서궁에 갇혀 죽음의 위기를 여러 번 넘기기도 하였던 인목왕후는 복위되자 제일 먼저 정쟁의 화를 입은 친정아버지와 아들의 넋을 기리기 위해 칠장사를 원찰로 삼아 그들의 명복을 빌었다. 이렇게 인연이 된 칠장사에 친필로 베낀 『금광명최승왕경』 10권 1질과 자신의 심정을 피력한 시 한 수를 써서 내리기도 하였는데 이는 지금까지 전해지고 있다.

이후 칠장사에 관해서는 중건에 대한 기록들과 함께, 특히 당시 세도가들이 이곳을 장지로 쓰기 위해 절집을 불태우고 승려들도 불태워 죽이는 만행을 저질렀다는 아픈 기록들도 보인

칠장사 천왕님들 잘 계시지요? 저도 잘 지내고 있습니다. 보살핌 덕분에!

다. 굵직한 몇 가지 사연만 보더라도 칠장사는 세간의 다양한 아픔을 가진 사람들의 부침이 심한 세속의 삶을 보듬어 안고 위로하면서 중생과 함께 했던 절집이라 생각된다. 흡사 불가佛家의 보살과도 같은 모습이다.

보살과 같은 칠장사를 내가 꼭 찾아야 했던 이유는 다양한 이야깃거리 외에도 내가 제일 좋아하는 사천왕상과 당간이 있었기 때문이다. 우연히 책에서 본 칠장사 사천왕상을 사상의학을 전공한 이는 무인장수의 상호라 하였고, 미술을 전공한 이는 인체 해부를 정확히 아는 사람이 조성했을 것이라고 하였다. 그리고 채색이나 형체의 조화까지 어느 한 군데 흠잡을 데가 없는 수작이라 극찬하기까지 하였다. 하지만 책의 이 모든 설명을 제쳐두고서라도 단번에 내 마음을 앗아갈 만큼 온화한 모습의 지국천왕이 담긴 사진 한 장은 아무리 길이 멀고 험해도 가서 봐야 할 이유가 되었다. 게다가 비교적 원형이 잘 보존되어 있는 당간까지 볼 수 있다니 마다할 이유가 없었다. 마침 경기도지역 절집을 돌아볼 계획을 하고 있었기 때문에 더욱 걸림이 없었다. 길도 멀고 볼거리도 다양하다니까 하루를 온통 칠장사에서 보낼 생각으로 길을 나섰다.

"벽이심조僻而深阻", 역시 멀고 깊었다. 늘 그렇듯 절집은 배신이 없었다. 낯선 길을 고생해서 찾아가니 소박한 천왕문天王門 너머 그토록 보고 싶었던 네 분의 천왕님이 마치 살아있는 듯 따뜻한 모습으로 서서 오느라 고생했다고 손을 잡아 주셨다. 눈시울이 붉어지지 않으면 내가 아니다. 불보살님께 배례拜禮도 해야 하고 전각의 배관拜觀도 해야 하는데 나는 조금도 움직일 수 없었다. 그러나 하얀 수염을 얼굴 가득 담고 따뜻한 엷은 미소를 머금은 채 손에는 비파를 들고 계신 지국천왕님 앞에 서니, 중생의 평안을 돕는 어른이어서인지 가만히 서 있기만 하는 나에게 "어디 안 가고 여기 있을 테니 얼른 갔다 와." 하셨다. 마법에서 풀린 듯 "얼른 갔다 올 테니 꼭 계셔요!" 하고 나는 절집 마당으로 뛰어 들어갔다.

절집은 화려하지 않고 소박해서 편안했다. '이래서 마음에 아픔을 담은 이들이 와서 쉴 수 있었구나.' 게다가 한적하기까지 했으므로 시간 가는 줄도 모르고 여기저기 기웃거리며 사진도 찍고 한참을 서서 바라보기도 하면서 여기저기 자리한 하나하나와 교감을 나누었다. 산속의 어둠은 빠르다. 순식간에 주위가 어둑해지니 갈 길이 걱정이었다. 서두르자! 그래도 천왕님은 다시 뵈야지! "곧 어두워질 테니 서둘러!" "네. 마음이 힘들어 위로받고 싶을 때 또 올게요. 잘 지내고 계셔요!" 서둘러 택시를 불러 절집을 벗어났다.

'아이고, 큰일 났네! 철당간, 그래 철당간을 보지 않았네! 택시 기사님한테 되돌아 가 달라고 할까? 꽤 지나왔는데 화를 내면 어쩌지?' 수십 번도 더 되뇌었지만 민폐인 듯하여 결국 말을 못하고 터미널에 도착했다. 이제는 서울로 가야 한다. 그러나 갈 수 없었다. 보고 가야 하기 때문이었다. 터미널 직원에게 칠장사 가는 버스 시간을 물었더니 20분 후라고 했다. '머리가 나쁘면 몸이 고생한다더니 너는 소심해서 이 야단이냐? 이 바보야!' 그렇게 몇 번이나 자책을 하면서 나를 꾸짖었더니 버스가 왔다. 칠장사 가는 길목에, 그것도 누구의 밭인지도 모르겠지만 그 속에 서 있는 철당간은 지나치기 다반사일 듯했다. 용기를 내어 기사님에게 내려달라고 부탁하고 서둘러 사진을 찍고 되돌아 나오는 버스를 타고 터미널로 왔다.

서울행 버스를 타고 앉아 있자니 만 가지 생각에 머리가 터질 듯하였다. 한 마디만 했으면 될 일을 드나들기도 편하지 않

벽이심조, 그 멀고 깊은 골짜기로 두 번이나 나를 부른 철당간입니다.

은 골짜기를 두 번이나 오고 갔으니, 내가 너무 한심스러웠다. 그날 밤 버스가 오지 않았는지 놓쳤는지 모르겠지만 칠장사 주차장에서 혼자서 울고 또 울고 서 있는 내 모습을 꿈속에서 보았다. 깨어서도 생시인 듯 몸과 마음이 아팠다. 이래서 나는 칠장사를 잊을 수 없다. 아직은 칠장사를 다시 찾지 않았다. 마음이 힘들고 위로받고 싶을 땐 언제든지 내 마음속에서 꺼내볼 수 있게 칠장사 지국천왕님이 자리하고 계시니 말이다. 먼 길 오느라 고생할까봐 그렇게 마음에 자리하고 계시나 보다. 마음 든든한 수호천사다!

그물에 걸려 올라온 것이 이것인가?

낙가산 보문사

"천하부정 지하부정 온갖 부정 원근 만리 소멸시켜 주시옵소서. 비나이다. 비나이다. 천지신명님께 비나이다. 올해도 비바람에 무탈하고 그물이 터져도 좋으니 드리우는 그물마다 고기들이 가득 가득 담겨 만선으로 돌아오게 하시옵소서."

새봄이 시작되자 출어를 위한 만반의 준비를 마친 보문사普門寺 아랫마을 매음리 어부들은 조촐한 제물거리들을 정성껏 차려 풍어를 위한 제사를 모시면서 차례대로 술을 따라 올리며 두 손이 닳도록 빌고 또 빌었다.

"이제 우리의 정성을 다 했으니 슬슬 나가 보세나. 오늘 날씨가 이렇게나 화창한 걸 보니 분명 정성을 드린 효험이 있을 것 같네. 그렇지 않은가?"

"물론이지. 마누라도 가까이 오지 못하게 하면서 얼마나 조심했는데 좋은 일이 있어야지? 하하하."

"그러면 어디로 그물을 던져야 좋을지 다들 잘 살펴보게나."

더할 수 없이 순조로운 출항을 한 어부들의 입에서는 노랫가락이 절로 흘러나오고 손놀림은 깃털을 잡은 듯 유연하게 움직이고 있었다. 그물을 드리우고 얼마를 기다리고 있으려니 잔잔하게 일렁이던 파도마저 잠잠해지면서 말할 수 없는 어떤 기운이 배 주위를 맴돌고 있는 듯하여 배에 타고 있던 사람들을 긴장시켰다.

"여보게들 왜 이리도 고요한가? 오늘은 여느 때와는 사뭇 다르지 않은가?"

"자네들도 그런가? 나도 그러이. 그물을 올려보세. 아이고 얼마나 큰 고기가 걸렸기에 이리도 묵직한가? 힘들을 더 내어 보게나."

배에 탄 장정들의 힘이 예사롭지 않은데도 어깨가 빠근할 정도의 힘이 들었다. 서서히 물 위로 오르는 그물을 숨죽이며 보던 매음리 어부들은 두 눈을 의심하지 않을 수 없었다. 그물 속에는 그토록 기다리던 고기는 어디 갔는지 찾아 볼 수도 없고 웬 하얀 돌덩이같은 것들이 그물이 찢어져라 가득 담겨 올라오고 있었다.

"아니, 이게 무슨 일인가? 정성이 부족했는가? 어떻게 이런 일이 있단 말인가? 도대체 이것들이 다 무엇인가?"

"에잇! 첫 그물에 이것이 다 무엇인가? 돌 인형도 아니고 그것도 스무 개도 넘겠구먼. 어서 바다에 도로 던져 버리고 그물을 손보아 다시 던지세나."

기대가 실망으로 바뀐 어부들은 왠지 씁쓸한 기분을 지울 수가 없었지만 다시 그물을 바다에 던지면서 서로를 격려했다. 한나절이 지나자 이상하리만치 바다가 다시 잠잠해졌다. 어부들은 서로를 쳐다보면서 그물을 일제히 함께 올리자는 신호를 보냈다.

"아무래도 느낌이 좋지 않구먼. 좀 전처럼 돌덩이들이 올라오려나. 어찌 이리도 무겁단 말인가?"

"에이 여보게 재수 없는 소리 말고 어서 힘들 내게나."

그러나 끌어올린 그물 속에는 바다에 던져버린 그 돌 인형들이 들어 있었고 그 모습을 본 어부들은 아연실색하여 서로를 쳐다볼 뿐이었다.

"아무래도 무슨 징조인 것 같으이. 똑 같은 일이 하루에 두 번이나 일어나다니. 오늘은 그냥 예서 접고 더 지체 말고 돌아가세나."

제일 나이가 많은 어부의 한마디에 모두들 짐을 꾸려 뱃머리를 돌렸다. 빈손으로 돌아왔으니 술 한 잔도 없이 각자의 집으로 돌아가 쉬기로 하고 헤어진 어부들은 일찍 잠자리에 들었다.

"축생을 벗어난 몸이건만 어리석어도 어찌 그리 어리석은가? 귀하고 귀한 것을 두 번씩이나 바다에 던지다니 내 괘씸하여 큰 벌을 내리려 했으나 다시 한 번 기회를 주기로 했다. 내일 다시 그물을 치면 그 돌덩이들이 또 올라 올 것이다. 귀한 것이니 잘 모셔서 명산을 찾아 봉안토록 하여라. 그러면 반드시 길한 일이 있을 것이다."

아침이 되자 설명할 수 없는 이상한 얼굴들을 한 어부들이 하나둘씩 모여들기 시작했다. 서로들 눈치를 보는 가운데 나이 많은 어부가 입을 열었다.

"아무래도 어제 일이 심상치 않으이. 우리가 무엇인가 귀한 것을 알지도 못하고 두 번씩이나 바다에 던진 모양이네. 어젯밤에 하도 이상한 꿈을 꾸고 날이 새도록 눈을 붙이지 못했네."

"아이고 나만 그런 것이 아니었구먼. 수염이 허연 노 스님이 나타나 어찌나 꾸짖으시던지 꿈에서도 진땀을 얼마나 흘렸는지 모른다네."

너도나도 할 것 없이 어제 배를 탔던 어부들은 하나같이 똑같은 꿈을 꾸었던 것이다. 앞으로 일어날 예사롭지 않은 일에 잔뜩 긴장한 어부들은 배를 띄워 어제의 그 장소로 나갔다. 날씨는 더할 수 없이 화창하고 바다는 한 점 일렁임도 없이 잔잔했다. 조심스럽게 그물을 던지고 숨죽이고 기다리고 있으려니 신호가 왔다.

"무엇인가 걸렸나보이. 다들 끌어올리기로 하세."

어제와 똑 같은 돌 인형들이 그물에 걸려 올라왔다. 조심스럽게 꺼내 보니 모두 22개였다. 이제는 이것을 명산을 찾아 잘 모실 일만 남았다.

"여보게들. 이곳의 명산이라 하면 보문사 절집이 있는 서쪽 산으로 봐야 하지 않겠나?"

"그렇지. 그쪽으로 봐야지. 그리로 모시고들 가세."

보문사가 보이는 낙가산으로 22개의 돌덩이들을 옮기던 어부들은 힘이 들기도 하고 또 산길을 올라야 하니 보문사 석굴 부근에서 잠시 쉬기로 했다. 요 며칠 이상한 일들만 일어났으니 정신도 없는데다가 고깃배는 띄웠으나 고기는 구경도 못했으니 심적으로 육체적으로 다들 지쳐 있었기 때문이다.

"이제 슬슬 움직여 보세나. 아이고, 이게 어찌된 일인가? 꼼짝을 할 수가 없네. 이것들이 이렇게나 무거웠던가?"

여기저기서 같은 탄식이 흘러나오자 어부들은 문득 생각나는 것이 있어 뜻을 하나로 모아 행동으로 옮겼다.

"아무래도 이곳에 모시라는 뜻인 것 같으이. 굴 속을 들여다보니 마침 비어 있네. 우리 이곳에 모시도록 하세."

굴 속을 깨끗이 정리하고 한 분 한 분 정성껏 자리를 잡아 모시고 나니 영물인 듯 빛이 나기 시작했다. 어부들은 수없이 절을 하면서 잘못을 참회하고 복을 빌었다.

강화도! 신촌터미널에서 버스를 타고 강화도를 처음 찾은 것이 언제였던가? 까마득하다. 참성단塹星壇이 있는 마니산을 중심으로 선사시대부터 개항기까지의 역사가 골고루 펼쳐진 것이 마치 맛깔스럽게 잘 차려진 밥상을 기분 좋게 받은 느낌이었다. 강화도는 그렇게 맛깔나게 다가왔다.

바삐 움직여야 하나라도 더 본다는 생각에 무리를 한 탓인지 내 발들은 좁고 갑갑한 신발 속을 거부하고 있었다. 쉬어야만 했다. 해질녘이면 늘 쓸쓸한 것이 여행길이다. 빨리 숙소를 정해 들어가야 안심을 하는 소심한 나였지만 그날은 가까운 공원에 앉아 잠시 쉬기로 했다. 오늘로 일정이 끝나는 것이 아니었기에 살살 달래가며 다녀야 하지 않겠는가? 나의 사랑스러운 작은 발들을 말이다. 녀석들을 해방시키고 두 눈을 지그시 감고 앉아 있자니 내 귀를 때리는 이상한 소리들이 들려왔다. "김일성 수령님 어쩌고저쩌고." 지금 내가 있는 곳이 어디인가 싶어 두 눈을 번쩍 뜨고 주위를 둘러보니 일상 다반사인 듯 사람들은 아무렇지도 않게 운동을 하고 있었다. 그 유명하다는 대남방송에 나만 놀란 토끼눈이 되었을 뿐이었다. 어린 시절 전쟁을 겪은 트라우마가 있는 것도 아니었는데 반공 교육용 전쟁영화를 보고 온 날 악몽에 시달려 얼마나 힘들었는지 모른다. 길 건너에 식구들이 있었는데 내 손을 잡아 줄 수가 없는 상황이었는지, 아무리 울면서 소리를 질러도 다가와 주지 않았다.

그 기억이 되살아나 서둘러 그 공원을 벗어났다. 강화도는 그렇게 두려움으로 다가왔다.

어김없이 악몽에 시달리다 이른 아침 보문사를 가기 위한 배를 타야 했으므로 피곤한 심신을 이끌고 외포리항으로 갔다. '얼마나 가야 하나?' 생각하면서 갈매기들이랑 잠시 놀고 있으려니 내리란다. 이런이런, 이렇게 허무할 수가 있나. 차랑 짐이랑 사람을 가득 실은 큰 배가 갈매기랑 먹이를 나누면서 주위 경치를 아주 잠시 감상했는데 도착이란다. 배 멀미하는 사람들에게는 좋은 일일까? 누군가에게는 어이없고 누군가에게는 안심이 되는 석모도행 짧은 배 여행을 뒤로하고 보문사를 가기 위해 버스를 탔다. 강화도는 그렇게 어이없이 다가왔다.

보문사! 내가 처음 찾았을 때만 하여도 한적하고도 품이 넓은 그런 절집이었다. 신통굴이라 불리기도 하는 석굴법당을 들어서면서 그 귀엽고 앙증스러운 크기의 나한상들을 보고 얼마

갈매기와 제대로 인사도 못했는데 벌써 보문사 일주문이 보입니다.

어쩌자고 이 귀한 보물들을 두 번이나 바다에 던졌을까요? 다행히 안전한 석굴 속에서 편안하게 지내시니 맘이 좋습니다.

나 좋았던지 입이 찢어져라 미소 짓는 것으로 인사를 대신했다. 세상에나, 알아보는 눈이 없었던 인연들을 만나 바닷속으로 두 번씩이나 던져졌으니 얼마나 어이없었을까? 나나 너나 할 것 없이 무지몽매한 것들은 힘만 있어가지고 생각은 항상 뒷전이다. 꼭 야단을 맞아야 정신들 차린다. 그럼에도 불구하고 감사할 뿐이었다. 잘 모셔 이렇게 기도하게 해주셨으니 말이다. 영험이 보통이 아니시란다.

'흑흑흑. 절집의 보물인 옥잔등을 깨뜨렸으니 나는 이제 천벌을 받을 것이다.'

"무슨 일이 있었기에 그리 울고 앉았느냐? 어서 말해보아라."

"석굴법당을 밝히기 위해 기름을 넣은 등잔에 불을 붙이고 올려놓으려다 그만 떨어뜨려 깨뜨렸습니다. 스님, 어찌하면 좋을까요?"

"어허. 큰일이로구나. 어서 가보자."

"깨진 옥잔등이 어디에 있다는 말이냐? 여기 이렇게 올려놓은 옥잔등 말고 우리 절집에 또 다른 옥잔등이 있었단 말이냐?"

"아이고 스님, 분명히 제가 깨뜨렸는데 이게 무슨 일일까요?"

"나한님들께서 이렇게 해 놓으신 모양이다. 어서 참회의 절을 올리도록 하여라."

보문사에 내려오는 많은 영험 중 하나이다. 지금도 믿음은 여전하여 많은 사람들이 이곳을 찾아 한 가지씩 소원을 빈다고 한다. 특히 함께 건져 올려진 석상들 중 자식을 주시는 관음보살님으로 알려진 송자관음送子觀音이 계셔서 자식을 갖고 싶어 하는 여인네들의 발길을 붙잡았다고 한다.

알려진 바와 같이 보문사는 양양 낙산사洛山寺, 금산 보리암菩提庵과 함께 우리나라 3대 해상관음기도도량으로 유명한 곳이다. 108계단을 올라 눈썹같이 생긴 바위를 마주하다 보면 유난히 머리가 크고 아주 소박하게 생기신 관음보살님을 뵐 수 있다. 넓은 품이 마주하고 있는 서해바다쯤 될까? 어떤 하소연도 다 들어 주실 것만 같아 맘 든든하다.

뱃머리에서 장사를 하신다는 한 보살님은 마음이 조금이라도 답답해지면 만사를 제쳐두고 보문사 눈썹바위 관음보살님을 찾아 미친 여자처럼 주절주절 있는 속내 없는 속내를 다 드러내 놓는다고 하였다. 그러다 보면 언제 막혔던가 싶게 마음이 확 뚫려 근심일랑은 뒤돌아 서해바다에 던져 버리고 산을 내려가 또 열심히 산다고 하였다. 보문사 눈썹바위 관음보살님이 안 계셨다면 자신은 벌써 죽은 목숨이었다고 덧붙이면서 초심자의 기도에 격려를 더하셨다.

보문사는 중생의 어떠한 어려움도 해결해 주시는 넓은 품의 관음보살님이 계신 곳이기도 하지만, 중생을 사랑하는 마음으로 무조건적으로 보듬어 안아야 할 미물이 있기에 내가 관음보살이 되어야만 하는 곳이기도 하다. 날파리 미물. 사랑하기엔 너무나도 억세게 엉겨 붙으니 상대하기에 여간 힘든 중생이 아니다. 한여름 108계단을 오르자면 날파리떼들이 극성을 부리며 나를 반긴다. 여러 전각을 돌며 겨우 가다듬은 보살의 마음과 부처의 마음을 시험하려는 것인지 정말 나를 잡아먹을 듯이 달려든다. 자칫 얼굴을 붉혀 보살의 마음으로 날파리 중생들을 보듬지 않으면 극락에 오를 수 없다. 보문사엘 가면 보살이 되어야 한다. 강화도는 그렇게 자비의 마음으로 다가왔다.

보문사에 가면 빠뜨리지 말고 해야 할 일이 한 가지 있다. 내부에 경전을 넣기 위해 만들었다는 윤장대輪藏臺가 절집 마당에 자리하고 있으니 손잡이를 잡고 한 바퀴를 돌리고 와야 한다. 한 바퀴만 돌려도 팔만대장경을 다 읽은 것과 같은 효험이

자비심으로 108계단을 오르다 보면 눈썹바위의 보문사 관세음보살님을 만날 수 있습니다.

관세음보살님에게 다 털어놓았다면 뒤돌아서 보이는 드넓은 서해바다를 맘에 담아오세요!

한 번만 돌려도 팔만대 장경을 읽는 효과가 있다고 하는 윤장대가 절집 마당에 서 있습니다. 어렵지 않은 일이니 꼭 한번 해보세요!

있어 업장소멸은 물론 극락왕생까지 보장한다고 하니 우리 같은 중생들에게는 더 없이 귀한 보물이다. 몇 번을 돌려도 상관없지만 한 번이라도 정성을 다해 돌리는 것이 중요할 듯하다. 강화도는 그렇게 깨달음으로 다가왔다.

한 지역을 여행하면서 이렇게 많은 경험을 할 수 있었다는 것이 얼마나 소중한 것인지를 글을 정리하면서 새삼 느꼈다. 역사공부도 하고 맛있는 먹거리로 배를 채우고 나면 부처님의 넉넉한 품 속에서 온갖 근심 내려놓고 세상 모르게 쉬다 올 수 있는 곳이니 사계절 모두가 좋은 강화도로 떠나 보시라. 혼자도 좋지만 함께하면 더 좋은 여행지라고 감히 추천한다.

괴로운 일생 한바탕 꿈이로다

오봉산 낙산사

'대자대비하신 관세음보살님, 부처님의 제자 조신調信 인사드리옵니다. 오늘도 터질 듯한 이 마음 가눌 수가 없어 계를 어기는 줄 알면서도 이렇게 관세음보살님을 부르옵니다. 제발 간절한 저의 소리 들으시고 고통스러운 이 마음의 원이 이루어질 수 있도록 해 주시옵소서. 저 곱디고운 아가씨와 인연이 될 수만 있다면 지옥 길도 마다 하지 않을 것이며 단 하루를 살아도 기뻐할 것이옵니다.'

벌써 몇 년째 같은 마음으로 낙산사 관세음보살님전에 앉았는지 모른다. 꽃같이 아름다운 태수 김흔의 따님을 처음 본 그 순간부터 흠모하게 된 스무 살 젊은 스님의 외사랑은 식을 줄 모르고 더해만 갔다. 낙산사 관세음보살님전에 다소곳이 앉아 기도를 드리던 그 모습은 눈을 감아도 눈을 떠도 사라지지 않는 자자刺字가 되었으니 그 고통은 오죽했을까? 그러나 운명은 빗나가기 마련이다. 들려오는 풍문에 태수의 따님이 혼인을 한다는 것이었다. 그길로 조신 스님은 낙산사 관세음보살님전에 나아가 원망의 눈물을 하염없이 흘리면서 울부짖었다.

'영험하시다는 낙산사 관세음보살님은 어찌하여 이 중생의 단 한 가지 원을 들어주시지 않으시옵니까? 지금이라도 늦지 않았사옵니다. 아가씨를 내 품으로 돌려보내 주시옵소서.'

홀어미로부터 버림받아 길거리에 내팽개쳐진 천애의 고아처럼 서럽게 울고 또 울던 조신 스님은 자꾸만 흐르는 눈물을 훔치며 날이 저무는지도 모르고 앉아 있었다. 사랑하는 사람을 잃은 절망감으로 허전해진 마음에 육신의 피로까지 겹친 스님은 스스로도 알지 못한 채 깊은 잠에 빠져 버렸다.

"정녕 내가 그리도 그리던 아가씨가 맞사옵니까? 이미 혼인하신 몸, 어떻게 여기까지 오셨습니까?"

문득 느껴지는 인기척에 놀란 조신 스님은 거짓말처럼 자신의 곁에 서 있는 사랑하는 사람을 보고 자신의 눈을 의심하지 않을 수 없었다.

"스님, 잘못된 일인 줄 알면서도 사모하는 마음을 거둘 수가 없어 이렇게 몰래 집을 나왔습니다. 부디 저를 거두어 어디로든 데리고 가 주십시오."

"사모의 정이야 저도 마찬가지입니다. 다만 혼인한 몸인 아가씨를 어디로 데려가야 한단 말입니까?"

"부모님의 뜻을 거역할 수 없어 치룬 혼인이옵니다. 스님과 단 둘이 있을 수 있는 곳이라면 어디라도 괜찮습니다. 속히 저를 데려가 주십시오."

꿈인지 생시인지 알 수는 없었지만 조신 스님은 믿을 수 없는 이 일이 너무 기뻐 관세음보살님께 거듭거듭 인사를 드리고 서둘러 아가씨를 데리고 길을 떠났다. 남의 눈을 피해야 하는 두 사람이다 보니 산속 길을 따라 걷고 또 걸어 추위와 굶주림을 참아가며 겨우 낯선 마을에 도착하게 되었다. 가진 것 없이 시작한 초라한 살림살이, 그 궁색함을 말로 해 무엇하겠는가만은 두 사람의 사랑만은 그 어느 것도 방해할 수 없었다. 그러나 가난한 살림살이는 여전한데 그 사이 자식을 다섯이나 두었으니 온 식구가 궁색한 삶을 견디며 겨우 살아가는 것은 당연지사였다. 그러다 더 이상 하루 세 끼 나물죽도 먹지 못할 형편이 되자 이리저리 걸식하는 신세가 되었다.

때마침 명주 해현 고개를 넘으려 할 때 열다섯 해나 키운 큰 아이가 굶주림에 지쳐 죽고 말았다. 부부는 죽은 아이를 부둥켜안고 회한의 눈물을 흘리며 양지바른 곳을 찾아 묻어주고는 다시 길을 떠났다.

'두 사람의 사랑만 있으면 행복할 줄 알았는데 삶은 그렇지가 않구나. 불쌍한 이 어린 것들이 무슨 죄가 있어 이 고생을 한

단 말인가.'

무너지는 가슴을 안고 아내는 피눈물을 흘리며 생각에 잠겼다. 조신 역시 억제하지 못한 자신의 욕망으로 소중한 인연들에게 고통을 준다는 비통함에 침묵할 뿐이었다. 이제 여섯이 된 조신의 식구들은 그리 멀지 않은 곳에 초막을 짓고 우선 몸이라도 붙일 처소로 삼았다. 조신 내외의 몸은 갈수록 늙어 약해지고 식구는 적지 않으니 열두 살난 어린 딸이 여기저기서 밥을 빌어 겨우 살아가는 살림살이가 되었다. 설상가상으로 걸식을 나갔던 어린 딸이 개에게 물려 아픔을 참지 못하고 울부짖으며 돌아왔으니 그 모습을 본 부모의 마음은 어떠했겠는가? 흐르는 눈물을 닦을 생각조차 않고 조신의 아내는 뭔가를 결심한 얼굴로 입을 열었다.

"내가 당신을 처음 만났을 때는 얼굴도 아름다웠고 나이도 젊어 두려움이 없었습니다. 무엇보다 사랑하는 두 마음이 있었기에 때로 먹을 것, 입을 것이 궁색하여도, 또 더러 피할 수 없는 어려움이 닥쳐도 얼마든지 견딜 수 있었습니다. 그로 인해 우리의 사랑이 더욱 두터워지기도 하였지요. 그러나 세월이 지나 이제는 노쇠함과 병고가 더욱 깊어가고 수많은 집 문전에서 구걸하여도 누구하나 손을 내밀어 주는 사람이 없으니 굶주림과 추위로부터 아이들을 지켜내지 못하고 있습니다. 아니 아이들에게 오히려 짐이 되고 있습니다. 영원할 것만 같았던 젊음과 사랑도 부질없이 허망하여 풀잎의 이슬처럼 사라지고 마는 이 지경에 이르러 부부의 사랑이 무슨 소용이 있겠습니까? 이 순간 당신은 나로 인해 괴롭고 나는 당신으로 인해 고통스러우니 이제는 우리가 헤어져야 할 때인가 봅니다. 좋은 시절엔 더불어 함께하다가 어려울 때 버리는 것이 인정의 일은 아니오나 만남과 헤어짐이 어디 사람의 뜻대로만 되겠습니까? 함께 있다 추위와 굶주림에 죽음을 맞기보다는 아이 둘은 내가 데리고 고향으로 갈 터이니 남은 아이 둘은 당신이 데리고 남쪽으로 가십시오."

틀림없이 마지막이 될 아내의 말을 따르기로 한 조신은 눈물마저 메마른 아내의 앙상한 손을 놓고 막 이별을 하려는 순간, 정신을 차리고 눈을 떠 보니 낙산사 관세음보살님전이었다.

"관세음보살님, 반평생의 일이 하루 저녁의 꿈이었다니 이처럼 무상하고도 허망한 것이 인생이옵니까? 그런 줄도 모르고 사랑을 이루어주지 않는다고 원망하며 울었습니다. 이 얼마나 미욱하고 어리석은 중생이옵니까? 부끄러워 감히 얼굴을 뵈올 수가 없사옵니다. 그래도 이 중생을 사랑하시어 꿈을 통해 저를 깨우쳐주셨습니다. 나무관세음보살!"

참회의 절을 하염없이 드린 조신 스님에게는 세속의 탐욕도 아름다운 여인과의 사랑을 이루지 못한 회한이나 원망의 마음도 하나 남지 않은 그야말로 텅 빈 마음이었다. 이제 남은 것은 텅 빈 마음을 바른 법으로 채우는 것뿐 다른 것은 없었다.

당나라로 유학을 갔던 의상 스님이 신라로 돌아와 관세음보살님의 진신을 친견하고 세운 절이 낙산사洛山寺다. 그래서인지 관세음보살님의 영험과 관련된 이야기들이 많이 전해지고 있다. 그 중에서도 조신 스님의 꿈 이야기는 허망함 속에서 고단한 삶을 꾸려가야 하는 세속의 우리들에게 인생의 의미를 새삼 되새기게 한다. 부질없이 갈망하고 집착하는 인간사 모든 일들이 한 순간의 꿈임을 깨닫게 함으로써 인생의 무상함을 일깨운다. 관세음보살님으로부터 큰 깨달음을 얻은 조신 스님은 이후 사사로이 얽힌 인연들을 모두 끊고 수행에 전념하여 낙산사성洛山四聖의 한 분이 되었다고 한다.

2005년 4월 5일 정오 뉴스에 나오는 한 장면이 조신의 꿈 이야기를 떠오르게 했다. 낙산사 홍예문虹霓門이 벌겋게 불타오르는 그 한 장면이 세상사 무상함을 말해주었다. 그렇다. 낙산사는 전날 발생한 산불로 인해 한 순간에 전소되어 버린 것이었다. 너무 놀라 순간 멍~했다. 아무 생각도 떠오르지 않았다. 그런데 누구하나 그 불을 당장 끄지도 못했다. 작은 불씨 하나가 천년고찰을 일순간에 쓰러뜨리는데 무슨 생각이 떠오를 것이며 어떤 조치를 취할 수 있겠는가? 나약한 인간이 말이다. 그저 가봐야겠다는 생각만 떠올라 얼마 뒤 낙산사를 찾았다. 어찌 그리도 처참한지, 홍예문이 어디 있는지 알 수도 없었고, 타다 남은 동종은 너부러져 있었으며 원통전圓通殿은 찾을 길도 없었다. 평소 눈에 익었던 곳인데도 어디가 어디인지 도대체 알 수가 없었다.

'그렇지! 홍련암紅蓮庵은 괜찮다고 했어!' '아! 다행이다. 그대로다!' 모습을 보여 달라고 애원하는 의상 스님에게 관세음보살 자신이 존재하고 있음을 알리는 듯 홍련 위에 대죽이 솟아오르는 이적을 보이시니 그에 응답하듯 의상 스님은 그 자리에 불전을 만들었다. 그들의 증표가 홍련암이었다.

한창 절집 관련 책을 쓰려고 순례를 하면서 사진을 찍었던 때가 있었다. 도촬盜撮의 기본은 소리를 죽이고 빛을 차단하는 것이다. 그 기본 중의 기본을 잊었던지 홍련암 법당 안에서 사진을 찍다 기도하시던 스님에게 혼났던 기억이 있다. "다들 조용히 기도하고 있는데 이 무슨 짓입니까? 밖에 쓰여 있는 촬영금지라는 글자 못 보셨습니까? 무슨 죄를 지으려고 신성한 곳을 찍어대는지!" 그래서인지 홍련암이 잘못되었다면 괜히 마음이 편치 않았을 것 같았기 때문에 그 아무 일 없음이 그렇게 기뻤는지 모르겠다. 지금은 거의 제 모습을 찾았다고 한다. 하지만 나는 아직 낙산사를 찾지 못하고 있다. 너무나 아픈 상처를 입은 모습이 잔상으로 남아 있어서인지 아직은 다시 보기가

더 이상의 화마는 없어야 합니다. 잘 지켜주세요. 빨간 불자동차님! 인간이 하는 일이 늘 못 미더운 하늘이 비를 내리고 있네요. 든든합니다.

두렵다. 일망무애一望無涯의 그 너른 동해바다를 절집 마당으로 가지고 있는 홍련암의 관세음보살님이 그리울 때 문득 찾아질 지도 모르겠다.

글을 마무리 해 놓고 한참이 지난 어느 날, 설악을 향하던 길에 잠깐 들렀던 낙산사, 홍예문이 다시 태어나 있는 모습이 너무 고마워 절로 두 손이 모아졌다. 경내를 들어가 보지 못하고 돌아서면서 "부적"같이 서 있는 빨간 불자동차가 너무나 인상적이어서 카메라에 담았다.

깨달음에 나이는 상관없습니다

설악산 오세암

"그러면 제가 암자로 데려가도록 하겠습니다."

"아이고 다행입니다. 이 어린 것을 어찌해야 하나 큰 걱정이었는데."

'이제 너와 나는 관세음보살님 품에서 함께해야겠구나.'

천애의 고아가 된 3살 난 조카를 안고 설정雪淨 스님은 잘 키워야겠다고 다짐이라도 하는 듯 혼잣말을 하였다.

"착하지. 일어나서 관세음보살님께 예불드려야지."

"스님, 깜깜한데도 밖에 나가서 세수하는 것이 무섭지 않아요. 저 착하지요?"

"그럼 착하고말고요. 우리 동자 스님 착한 것은 관세음보살님이 더 잘 알지요."

처음엔 어떻게 키울까 걱정도 많았지만 아이는 놀랍도록 영리하였고 산속 생활도 무서워하지 않았으니 얼마나 다행인지 설정 스님은 늘 관세음보살전에 감사의 기도를 드렸다.

"스님, 오늘은 어떤 이야기를 해 주실 거예요? 빨리 관세음보살님 이야기해 주세요. 내일부터는 저도 염불할래요!"

"우리 동자 스님에게 무슨 이야기를 해줄까? 그래. 오늘은 중국나라 개달開達 스님 이야기를 해 줄까? 자, 그럼 이제부터 합니다. 옛날 중국에 개달 스님이라는 분이 감초를 캐기 위해 산에 가셨다가 그만 도둑들에게 잡혔습니다. 나라에는 큰 흉년이 들어 먹을 것이 없어서 도둑들이 많았습니다. 우리 동자 스님도 먹을 것이 없으면 어떻게 될까요?"

"배가 많이 고파서 막 울어요."

"그렇지요? 도둑들도 배가 너무 고파서 나쁜 짓인지도 모르고 사람들을 잡아다가 물건들을 빼앗고 죽이기까지 하였습니다. 개달 스님도 그런 도둑들에게 잡혀서 우리에 갇히게 되었습니다. 그곳에는 이미 많은 사람들이 있었는데 매일 한 사람씩 끌려가 죽임을 당했습니다. 개달 스님도 자신의 차례가 다가오니 무섭고 겁이 나서 열심히 관세음보살님을 불렀습니다. 우리 동자 스님도 관세음보살님을 알지요? 법당에 살며시 웃으시며 앉아 계시는 분이 누구지요?"

"관세음보살님이요! 스님과 제가 매일매일 이름을 열심히 부르잖아요! 손도 천 개고 눈도 천 개예요. 그리고 음~ 우리들이 열심히 이름을 부르면 무엇을 원하는지 다 알아들으시고 그대로 해준다고 했어요."

"아이고, 우리 동자 스님이 최고입니다. 맞습니다. 하하하! 개달 스님도 그것을 아셨기 때문에 정말로 열심히 관세음보살님을 불렀습니다. 그러자 이상한 일이 일어났습니다. 아! 글쎄 개달 스님이 잡혀서 죽으려는 순서가 되었는데 갑자기 산만큼이나 큰 호랑이가 나타나 어흥~ 하고 울부짖으면서 도둑들이 살고 있는 곳을 덮쳤습니다. 그랬더니 도둑들은 놀라서 모두 도망가 버리고 말았습니다. 호랑이가 이제는 개달 스님에게로 다가오니 스님은 '이제 죽었구나.' 하고 생각하는 순간 호랑이는 우리의 문을 입으로 물어서 열어주고 어디론가 사라져 버렸습니다."

"그래서 개달 스님은 어떻게 되셨어요?"

"개달 스님은 호랑이가 열어 준 문을 나와 얼른 도망쳐서 무사히 절집으로 돌아오셨습니다. 그리고 관세음보살님이 자신을 살리셨다고 생각하면서 더욱 열심히 관세음보살님 이름을 부르면서 기도하셨다고 합니다."

"스님, 관세음보살님은 정말로 우리들을 사랑하시는 것이지요? 열심히 이름을 부르면 다 도와주시는 거지요?"

"물론이지요! 무섭고 겁이 나도 관세음보살님을 열심히 부르면 얼른 달려오셔서 안아주시니 하나도 무섭지 않습니다. 우리 동자 스님도 앞으로 어떻게 해야 하지요?"

"법당에서 열심히 열심히 관세음보살님을 불러야 합니다. 맞지요?"

"하하하! 꼭 그렇게 해야 합니다."

그렇게 혼자일 때보다 둘이 더 의지가 되고 든든한 그들이었다. 세월이 흘러 동자 스님도 다섯 살이 되어 제법 어른스러운 모습도 보이니 더욱 믿음직스러워졌으나 산새나 산짐승들이랑 노는 모습을 보면 또 영락없는 어린 아이였다. 산골의 겨울은 일찍 찾아오는 법이다. 올해도 어김없이 찬바람이 불어오니 겨우내 식량이랑 땔감을 준비해야 할 때가 왔다. 땔감이야 둘이 부지런히 해다 놨으니 걱정이 없지만 식량은 사정이 달랐다. 양양 장에까지 가서 준비해 와야 하니 족히 이틀은 작정을 해야 하는 산속 절집의 큰일이었다.

'저 어린 것을 데려가면 시간이 더 걸릴 테고. 두고 가자니 걱정이고. 어찌해야 하나? 그래. 빠른 걸음으로 다녀오면 한밤중이나 새벽녘이면 돌아올 수 있을 테니 혼자 갔다 오는 것이 낫겠다. 먹을 것이랑은 넉넉하게 준비해 두고 다녀오자.'

"동자 스님, 이리 와 보세요."

"다람쥐에게 먹을 것을 주고 왔습니다. 스님."

"잘하셨습니다. 여기 앉아보세요. 우리가 겨울이 되면 밖에 눈이 와서 나갈 수가 없지요? 그러면 먹을 것은 어떻게 해야 하지요?"

"음~ 어떻게 해야 하지?"

"겨울이 되어서 눈이 오기 전에 장에 가서 사다놔야겠지요? 우리들이 열심히 땔감을 쌓아 둔 것처럼요."

"맞아요."

"장에 가려면 마을까지 내려가야 하는 건 알지요? 우리 동자 스님을 데려가면 좋겠지만 길도 멀고 날씨도 추우니 스님이 혼자 얼른 다녀오려 합니다. 그런데 동자 스님 혼자 두고 가려니 걱정입니다. 무섭지 않겠습니까?"

"아니요. 하나도 안 무서워요. 관세음보살님이 계시잖아요?"

"맞습니다. 우리 동자 스님은 믿음직스럽기도 합니다. 무서우면 관세음보살님을 열심히 부르면 얼른 오셔서 안아 주실 것입니다. 그리고 배가 고프면 차려놓은 밥을 먹고 밖에 나가면 추우니까 법당 안에 계세요. 잘할 수 있지요?"

"네, 스님. 시키는 대로 하고 있을 테니 얼른 다녀오세요."

설정 스님은 얼른 채비를 하고 양양 장으로 내려와 겨우내 먹을거리를 준비하느라 바삐 움직였다. 그러나 겨울 해는 빨리 지는 법이라 서둘렀음에도 날은 이미 저물어 도저히 산으로 갈 수가 없을 것 같아 새벽녘에나 길을 떠날 요량으로 마을에 머무르기로 했다. 하지만 어린 조카가 걱정이 되어 한시도 마음을 놓을 수가 없었다. 밤새 관세음보살을 염하며 앉았다가 날이 밝아와 떠날 채비를 하고 문을 열어보니 밖은 온통 눈으로 덮여 있는 것도 모자라 쉬지 않고 펑펑 내리고 있었다.

'하늘도 무심하시지! 이 일을 어찌 해야 한단 말인가. 할 수 없지. 무리를 해서라도 올라가야지. 이곳에 이리도 눈이 많이 오는 것으로 보아 산위 암자는 어떨 것인지는 말하지 않아도 알 수 있지 않겠는가.'

길을 나서려는 설정 스님을 주위에서 만류하였다. 그래도 가만히 있을 수가 없었던 스님은 눈이 무릎까지 빠지는 길을 나서다 얼마 못가 쓰러지고 말았다.

"거 보십시오. 안 된다고 하지 않았습니까? 며칠 기다리셨다가 길이 좀 열리면 그때 떠나셔야 합니다."

'관세음보살님, 그 어린 것을 혼자 두고 온 저를 벌하시옵고 불쌍한 우리 동자 스님은 보살펴 주시옵소서. 저의 목숨이라도 내 놓겠습니다. 제발 먹여 주시고 따뜻하게 보듬어 주셔서 별 탈 없게 해 주시옵소서.'

하루하루 마음 졸이며 오직 관세음보살님께 기도드리고 명호를 염하면서 보낸 날이 서너 달이었다. 눈이 녹기 시작하자 길이 열리는 것을 보고 설정 스님은 한달음에 산으로 올라갔다.

'무슨 일이 일어나도 일어났겠지? 그 어린 것이 먹을 것도 없이 추운 겨울을 어찌 보냈겠는가. 내가 도대체 무슨 짓을 했단 말인가. 관세음보살님, 제발 그 불쌍한 것을 보살펴 주시옵소서.'

"동자 스님! 동자 스님!"

두렵고 저린 마음으로 조심스럽게 동자 스님을 불렀다. 그런데 이게 어찌된 일인가!

"스님, 이제 오세요!"

법당 문이 활짝 열리면서 뽀얗게 살이 오른 얼굴을 하고 동자 스님이 나오는 것이 아닌가! 기적과도 같은 일이 일어난 것이었다.

"동자 스님, 배는 고프지 않았습니까? 춥지는 않았구요? 무섭지는요?"

"스님이 시키는 대로 관세음보살님을 열심히 부르니까 밥도 주시고 춥다고 안아주시고 밤새 함께 있었는데 뭐가 무섭습니까?"

'아이고 대자대비하신 관세음보살님, 당신께서 우리 동자 스님을 살리셨습니다. 감사합니다. 나무관세음보살! 한 점 의심 없고 걸림 없는 마음이 만들어낸 기적이로구나. 우리 동자 스님, 다섯 살에 부처를 이루었도다!'

선덕여왕 12년(634) 자장慈藏 스님이 암자를 만들 때는 관세음보살님의 상주처라 하여 관음암觀音庵이라 하였으나 다섯 살 동자 스님이 관세음보살님의 가피로 기적처럼 살았던 것을 기리기 위해 암자 이름을 오세암이라 고쳐 불렀다고 한다.

설악산 오세암五歲庵만큼 사연이 많은 절집이 또 있을까? 나에게. 오세암은 그저 봉정암鳳頂庵을 가기 위한 여정이었다. 그 해 우리나라 5대 적멸보궁 순례를 마친다는 오직 하나의 마음 때문에 마지막 남은 봉정암을 가야만 했다. 그러나 그 길이 그리 만만한가? 태산같은 근심을 안고 오세암에서 1박을 하고 다음날 아침 봉정암을 향하는 일정을 선택했다. 부담이 적다는 말에 솔깃해서 말이다. 그러나 백담사百潭寺에서 오세암까지도 나에게는 힘든 길이었다. 일행 중 가장 뒤쳐져 겨우 따라가는 저질 체력이다 보니 인솔자가 애를 많이 먹었을 것이다. 그래도 설악의 가을 단풍잎과 교감을 나누기도 하면서 나름 할 짓은 다 하고선 도착했다. 꼭 말 안 듣는 아이처럼 말이다. 큰방에 짐을 내려놓고 아무 생각 없이 법당에 예를 올리기 위해 들어갔다. 그런데 누군가 내 머리를 내리치는 듯 충격이 왔다. 환한 불빛 아래 흰옷을 머리부터 걸친 백의관음보살님이 살아 숨 쉬듯 그렇게 앉아서 나를 내려다보고 계셨다.

내 서가에 계시면서 한없이 넓은 마음으로 나의 온갖 응석을 다 받아주십니다. 그래서 늘 그 앞에서 버릇이 없습니다.

바라보기만 해도 눈물이 나는 백의관음보살님은 가장 가까이에서 늘 우리를 지켜주신다.

천 개의 눈을 가지신 분이라 그런지 나와 눈을 맞추면서도 법당 안의 사람들 하나하나를 내려다보고 계신 듯하였다. 웬만큼 삶의 무게를 느끼면서 살았던 사람이라면 그 눈빛과 마주치는 순간 흘러내리는 눈물은 그렇다 치더라도 무조건 다 털어놓고 싶을 것이다. 억울했던 일, 섭섭했던 일, 해결할 수 없어 무기력했던 순간들 모두를 말이다. 그저 두서없이 이야기해도 아무 상관없고 누군가에게 옮겨질까 가려서 말할 필요조차 없다. 입이 무겁기로 그분 이상 있겠는가? 그 언젠가 정채봉의 시집 속 시 한 편으로 밤새 베개를 적시면서 운 적이 있었다.

엄마가 휴가를 나온다면

정채봉

하늘나라에 가 계시는
엄마가

하루 휴가를 얻어 오신다면
아니 아니 아니 아니
반나절 반시간도 안 된다면
단 5분
그래, 5분만 온대도 나는
원이 없겠다.

얼른 엄마 품속에 들어가
엄마와 눈 맞춤을 하고
젖가슴을 만지고
그리고 한 번만이라도
엄마!
하고 소리 내어 불러보고
숨겨놓은 세상사 중
딱 한 가지 억울했던 그 일을 일러바치고
엉엉 울겠다.

엄마가 내 곁을 떠난 지 한참이 지났음에도 그밤 나는 눈이 퉁퉁 부어오를 정도로 울었다. 막내로 자라 유독 정이 그리웠는지 모르겠지만 지금도 나는 이 세상에서 제일 불쌍하고 애처로운 사람이 엄마가 없는 사람이라고 생각한다. 내게 오세암

한 점 의심 없고 걸림 없는 마음으로 다섯 살에 부처를 이루었습니다.
예전엔 관음보살님과 동거했었는데 독립을 하셨습니다.

관음보살님은 우리 엄마였다. 절대로 불가능한 일이 내게 일어난 듯 그 충격은 오로지 순간정지였다. 단 5분이 아니라 그 밤 내내 나는 울기도 했고 이런저런 속내를 털어놓기도 하면서 얼마나 큰 위안을 마음에 안았는지 모른다. 부스러지기 쉬운 마른 낙엽 같았던 내 마음이 새벽이슬 흠뻑 머금은 물오른 잎사귀처럼 되었으니 엄마는 명의였다. 아니 엄마의 모습으로 내게 다가왔던 오세암 관음보살님이 명의였다. 지금도 내 서가에는 그 날 살짝 찍어온 관음보살님이 따뜻한 모습으로 나를 내려다보시면서 기운을 북돋운다. 그래서 나는 그 앞에서 하염없이 게으름을 피운다. 우리 엄마 앞인 듯.

오세 동자 스님도 그랬을 것이다. 아무도 오지 않는 춥고 배고픈 무서운 밤, 그래도 관음보살님을 보고 앉아서 열심히 그 이름을 불렀으면 몸에 열도 났을 테고, 따뜻한 미소를 머금은 얼굴을 보고 있었으면 마음도 따뜻해졌을 것이니 긴 겨울도 날 수 있지 않았을까? 무엇보다도 나는 믿고 싶다. 동자 스님의 엄마로 화하신 관음보살님이 직접 먹여 주고 따뜻하게 감싸 안아 주어서 겨울 추위도 배고픔도 끄떡없이 이겨낼 수 있게 해 주었을 것이라고 말이다.

내가 오세암을 찾았을 당시는 백의관음보살님 오른쪽으로 오세 동자 스님의 티 없이 맑은 모습을 담은 상이 모셔져 있었다. 따로 전각을 만들기 위한 불사를 계획 중이라 하였는데 내심 함께 있게 해 주지 않고 딴 살림을 꾸리게 하는지 아쉽기도 했다. 그런데 최근 다녀온 사람들의 이야기로는 동자전童子殿이 따로 마련되어 독립을 하셨다고 한다. 짧은 내 생각으로는 왜 그랬을까 싶지만 생각들이 다 다른 중생들이니 어쩔 수가 없지 않겠는가. 지금도 아련하게 생각난다. 어렵고 지루한 법문으로 저녁을 보내기보다 구수한 유행가 가락에 개사를 한 듯 봉정암만 가지 말고 오세암으로도 와 달라고 하던 총무 스님의 노래하던 모습이. 사랑으로만 기억되는 오세암이다.

조금만 더 따뜻한 그림이었으면 좋았을 텐데 아쉽습니다.

태백산 갈반지에서 만나자고 하셨습니다

태백산 정암사

"아니, 이 어둠 속에 스님께서 여기까지 어떻게 오셨습니까? 어서 들어오십시오."

"그동안 세월이 많이 흘렀습니다. 내 문수보살님의 전갈이 있어 이렇게 왔습니다."

"어서 말씀해주십시오."

"지금은 인사나 하고 내일 대송정大松汀에서 다시 만나기로 합시다."

"알겠습니다. 그럼 내일 뵙겠습니다."

생시 같은 꿈을 깬 자장 스님은 날이 밝자 대송정으로 발길을 재촉하였다. '꿈속의 일이 헛된 것은 아니겠지?' 의구심이 없는 것은 아니었으나 자장 스님은 좌정하고 문수보살을 염하였다. 그러자 꿈속의 스님이 나타나 문수보살님의 말을 전하고 홀연히 사라졌다.

"스님, 문수보살님께서 태백산 갈반지에서 만나자고 하셨습니다. 그리로 찾아가시면 그토록 뵙고 싶었던 문수보살님을 다시 뵐 수 있을 것입니다."

자장 스님은 젊은 시절 당나라로 유학길에 올라 공부하던 중 오대산에 상주하신다는 문수보살님을 뵙고 싶어 7일 주야로 오대산 문수보살상 앞에서 기도를 드린 적이 있었다. 그러던 어느 날 생시인지 꿈결인지 한 범승이 나타나 게송을 읊어주는 것을 듣고 정신을 차려보니 꿈이었다. 꿈을 깨고 나서도 게송의 내용은 또렷하게 기억났으나 온통 범어로 되어 있는 것이라 그 뜻을 알 수 없어 답답하여 수심에 찬 얼굴을 하고 앉아 있었다. 그때 지나가던 한 스님이 그 모습을 보고 까닭을 묻자 자장 스님은 지난밤의 꿈을 자세하게 이야기하였더니 어려울 것 없다는 듯이 흔쾌히 그 뜻을 풀이해 주었다. 그리고는 부처님의 가사와 발우 한 벌, 그리고 정골사리頂骨舍利를 주고는 자취도 없이 사라져 버렸다. 그 후 7년 세월 동안 일심으로 용맹정진한 공부를 마치고 고국 신라로 돌아가기로 한 전날 밤 꿈에 오대산 태화지太和池에 살고 있다는 용이 나타나 말하였다.

"7년 전 오대산에서 당신을 위해 게송을 풀이해 준 스님이 바로 문수보살님이십니다."

그렇게 뵙고 싶었던 문수보살님을 이미 만났다는 이야기를 들은 자장 스님은 가까이서 뵙고도 몰라본 자신을 한탄하면서 신라로 돌아왔다. 신라로 돌아온 자장 스님은 문수보살님이 오대산에서 건네준 가사와 발우, 그리고 정골사리를 가장 좋은 길지 다섯 곳에 모시고 절집을 세웠다. 7년 전 그 당시 자장 스님에게 범어로 된 게송을 읊어 준 범승이 문수보살님의 전갈을 가지고 자장 스님에게 나투셨던 것이다.

당나라에서 돌아와 신라 불교계를 새롭게 정비하는 일로 많은 세월을 보낸 자장 스님은 말년에 북쪽의 고구려와 동쪽의 왜구가 끊임없이 침범해 와 변방을 어지럽혀 불안해진 나라를 지키기 위해 변방 강릉지방에 부처님 사리를 모신 탑을 세우고 수다사水多寺를 창건하여 머무르고 계셨다. 스님에게는 나라를 걱정하는 외에 꼭 한 가지 서원이 있었으니 문수보살님을 다시한번 뵙고 싶다는 것이었다. 서원이 날로 깊어질 즈음 이런 일이 생겼으니 더 지체할 이유가 없었다. 그래서 그날로 수다사 대중을 모아놓고

"계율은 깨침의 길로 나아가는 데 꼭 필요한 등불이니 필히 지킬 것이로다."

라는 짧은 한마디를 남기고 갈반지를 찾아 길을 나섰다.

당시 자장 스님은 승려들의 기강을 바로잡는 율사로 유명하신 분이었다. 그래서 우리는 흔히 자장율사慈藏律師라고도 부른다. 스님은 신라 진골 귀족 출신인데, 오랫동안 자식이 없

던 부모가 천수관음보살 앞에서 지성으로 기도하여 얻은 아들로 어려서부터 마음이 맑고 총명하였으며 생각이 깊은 잘생긴 아이였다고 한다. 그러나 부모와의 인연의 끈이 짧았던지 어린 나이에 부모를 잃고 인생의 무상함을 뼈저리게 느껴 때론 깊은 산속으로 들어가 고골관枯骨觀* 수행을 하였으며, 집으로 돌아오면 방안 가득 가시덤불을 동그랗게 쌓고 그 속에 알몸으로 앉아 자신의 목에는 끈을 매달고 조금이라도 자세가 흐트러지면 온몸에 가시가 박히고 목이 죄어오도록 하여 수행하였다고 한다. "나라의 인재로 큰일을 할 인물이 그렇게 혹독한 수행을 하면서 자신을 죽이고 있다."는 소리를 전해들은 선덕여왕은 여러 차례 그를 불러 재상의 자리에 앉히고자 하였으나 끝내 말을 듣지 않자

"취임하지 않으면 목을 베리라."

라는 칙명을 내리고 칙사를 파견하였는데 자장 스님의 답이 걸작이었다.

"내 차라리 단 하루를 살더라도 계를 지키다 죽을지언정 계를 어기며 백년 살기를 원치 않사옵니다.(吾寧一日持戒而死 不願百年破戒而生)"

선덕여왕은 그의 금강과도 같은 결심에 감동하여 그의 수행을 방해하지 말고 원하는 것을 모두 들어주도록 하였다. 그러자 자장 스님은 더 깊은 공부를 위해 당나라로의 유학을

결심하고 사실을 아뢰자 칙명으로 허락하여 유학을 다녀온 것이다.

'내 지난 유학길에 친견하고도 알아보지 못했던 문수보살님을 다시 뵐 수 있다는데 무슨 일이 있어도 갈반지를 찾아 기다리리라. 그런데 갈葛이라고 하면 칡을 뜻하는 것이요 반蟠은 무엇인가가 몸을 감고 엎드려 있다는 뜻인 것 같은데 묘한 이름이로다.'

"주변에 칡덩굴이 있는지 샅샅이 살피도록 하여라."

태백산에 도착한 자장 스님이 시자들에게 지시를 하고 사흘 동안 산속을 헤매고 마을사람들에게 물어도 찾을 수 없던 칡넝쿨이 드디어 눈앞에 나타났다.

"여기입니다. 칡넝쿨이 얽혀 있습니다."

반가운 마음에 일행이 서둘러 가까이 가 보았더니 이게 웬일인가, 칡넝쿨 위에는 10여 마리의 구렁이가 똬리를 튼 채 엉겨 있는 것이 아닌가. 시자들은 놀라 뒤로 물러섰지만 자장 스님은 놀랍고 반가운 마음에 가까이 다가가 말하였다.

"과연, 이곳이 바로 갈반지로다. 이제부터 할 일이 있구나. 먼저 저 구렁이들을 제도해야 할 것이니 정신들 차리고 독경 준비를 하여라."

자장 스님을 비롯한 시자 스님들이 자리를 잡고 앉아 독송을 시작하자 이상하게도 엉켜 있던 구렁이들이 하나씩 몸을 풀어 흩어지기 시작하였다. 그날 밤 자장 스님의 꿈에 낮의 구렁이들이 나타나서 말하였다.

"스님, 저희들에게도 이제 때가 왔나 봅니다. 사실 저희들은 전생에 불법을 배우고 익히던 승려였으나 수행을 게을리 하고 시주물을 귀하게 여기지 않고 낭비하다가 이런 몸을 받았습니다. 그동안 참회를 거듭하면서 저희를 제도해 줄 인연이 나타나길 학수고대하고 있었습니다. 이제 때가 된 듯하니 부디 저희들을 위해 법을 설하여 주셔서 이 몸을 벗고 거듭 나게 하여 주십시오. 그리고 저희들이 똬리를 틀고 누웠던 자리 밑에는 금은보화가 묻혀 있습니다. 그것으로 절을 세워 중생을 제도하는 도량이 되게 하십시오."

꿈에서 깨어난 자장 스님은 구렁이들의 해탈을 돕기 위해 7일 주야를 독송한 끝에 모든 구렁이를 해탈의 길로 이끌었다. 그리고 구렁이가 말한 자리를 파보니 과연 금은보화가 가득 묻혀 있었다.

"과연, 이곳이 문수보살님과 재회할 인연지로구나!"

자장 스님은 문수보살님이 일러주신 갈반지에 절집을 짓고 탑을 세우려는 계획을 세우고 불사를 시작하였다. 그러나 어찌된 일인지 공사가 진척된다 싶으면 어디가 무너졌다 하고, 또 다시 시작하여 마무리되었다 싶으면 다른 곳에 이상이 생기니 이러다 불사의 원만성취는 어려울 듯하여 불안해진 자장 스님은 간절한 마음으로 백일기도를 시작하였다. 기도 회향이 있던 날 밤 문득 고개를 들어보니 눈 덮인 산 위로 칡 세 줄기가 뻗어 내려오더니 각각 한 줄기씩 자리를 잡고 멈추는 것이었다.

"불보살님의 가피로 기도가 이루어졌구나. 너희들은 칡 줄기가 멈춘 곳을 확인하고 오너라."

시자들이 돌아와 그 위치를 알려 주는 대로 산 정상에는 탑을 세우고 평지에는 법당을 지으니 무사히 불사가 이루어졌다. 자장 스님은 칡 세 줄기가 내려왔다 하여 절 이름을 갈래사葛來寺라 하였고, 산 정상에 세운 탑을 수마노탑水瑪瑙塔이라 불렀다.

'이제 나에게 남은 일은 문수보살님과의 재회뿐이로다.'

노구를 이끌고 지극정성으로 불사를 마친 자장 스님은 오직 남은 한 가지 원이 성취되기만을 간절한 마음으로 바라고 있었다.

태백산 정암사淨岩寺의 전신이 바로 갈래사였다. 정암사는 거리에 비해 비교적 많이 찾은 절집인데 찻길과 인접해 있는 위치가 매력적이기도 했지만 그것보다도 더 큰 이유는 내가 특별한 애정을 가지고 있는 전각과 탑이 그곳에 있었기 때문이다. 그리고 정암사에는 중생 삶의 지표가 되거나 경계로 삼거나 할 이야깃거리도 풍성하다.

처음 정암사를 찾았을 때 적멸보궁*을 보고 얼마나 놀랐는지 모른다. 단아하고 고고한 자태를 한 크지 않은 전각의 모습은 속된 말로 나를 '뿅' 가게 만들었다. 하나의 거추장스러운 꾸밈도 없었고 더러 세월의 흔적이 묻어나기도 했지만 정말 고운 자태였다. 활짝 열린 문을 통해 은은하게 새어 나오는 불빛을 담은 적멸보궁은 조금은 늦은 시각에 도착해 갈 길을 재촉해야 하는 나의 발걸음을 꽉 묶어 버렸다. 잠시 정지된 화면처럼 그렇게 내가 서 있었다.

적멸보궁을 우측으로 돌아 오르면 수마노탑이 서 있다. 7층의 전탑*양식으로 마노석이라는 보기 힘든 재료를 사용하여 만든 탑이다. 그래서이겠지만 이에 얽힌 신비한 이야기가 전해진다.

자장 스님이 유학을 마치고 신라로 돌아올 때 서해 용왕이 스님의 신심에 감화되어 신력으로 마노석을 배에 싣고 와 산에 은밀하게 묻어두었다가 스님이 탑을 세우려 하자 내주었다고 한다. 그리고 마노석을 신라로 들여올 때 물길을 따라 왔다고 하여 "물 수水"를 붙여 수마노탑이라 하였다는데, 수마노탑 그 이름이 참 예쁘기도 하다. 이름뿐만 아니라 자태 또한 적멸보궁 못지않다. 특히 탑의 사방 귀퉁이에 풍경이 매달려 있어 바람이 부는 날이면 그 소리에 다시 한번 반하게 된다. 자장 스님은 이 탑을 세우면서 "전란이 없고 날씨가 고르며 나라가 복되고 백성이 편안하게 살기를 염원하였다"고 한다. 예쁜 모습에다가 대단한 능력까지 부여 받았으니 수마노탑은 재색을 갖춘 완벽한 여인네와 같다. 이런 귀한 볼거리들이 있는데 정암사 가는 길이 아무리 멀다 한들 마다하겠는가?

하지만 간절한 원을 간직한 단 한 사람, 자장 스님에게는 슬픈 사연이 깃든 절집이 또한 정암사다. 문수보살님이 재회를 약속하시고 점지해 준 터에 절을 세운 자장 스님은 오매불망 재회의 날만을 손꼽아 기다리고 있었다.

"누구 없느냐? 내 자장을 만나러 여기까지 왔으니 어서 불러오너라."

다 떨어진 누더기를 입고 칡 삼태기에는 죽은 강아지를 담아 짊어진 웬 늙은이가 절집 마당에서 자장 스님을 불러 오라고 야단이었다. 그 모습을 본 시자는 하는 짓이 하도 가소로워 한마디 했다.

"도대체 뉘신데 우리 스님 법명을 함부로 부르고 야단이오. 보아하니 배가 고파 정신이 오락가락 하나 본데 공양간에서 밥이나 한 술 얻어먹고 가시오."

"어허, 웬 말이 그리 많으냐? 어서 가서 내가 자장을 보러 왔다고 일러라."

시자는 웬 거지같은 늙은이가 고집도 세고 목소리도 큰 것이 쉬이 물러갈 것 같지 않아 하는 수 없이 자장 스님에게 이 사실을 알렸다. 그러자 스님은 가만히 듣고 있더니, 역시 대수롭지 않게 말하였다.

"밥이나 먹여 잘 타일러 보내도록 하여라."

스님의 말을 듣고 나온 시자는 기세 좋게 큰 소리로

"더 이상 시끄럽게 굴지 말고 잘 가시오."

라는 말을 남기고 돌아서려 하자

'아상我相을 가진 자가 어찌 나를 보겠느냐. 한심하구나. 자장이여!'

혼잣말을 중얼거리며 지고 있던 삼태기를 거꾸로 엎자 그 안에 죽은 채 담겨 있던 강아지가 큰 사자로 변하여 늙은이를 태우고 빛을 발하면서 허공으로 사라지는 것이었다. 놀란 시자가 정신을 차리고 이 사실을 자장 스님에게 아뢰었더니 크게 탄식하면서

"나의 아상이 그토록 기다리던 문수보살님과의 재회를 막았구나. 그간 나의 수행이 모두 헛것이었다니."

자장 스님은 급히 예 올릴 채비를 하고 사자보좌獅子寶座에 오른 문수보살님이 사라지셨다는 남쪽 산으로 올라갔으나 흔적조차 찾을 수 없었다.

"내가 이 육신을 가지고는 문수보살님을 친견할 수 없을 듯

하니 내 이곳에서 입정에 들어 만나 뵙고 참회하고 올 것이니 석 달 동안 내 몸을 잘 보관하도록 하여라."

말을 마친 자장 스님은 그 자리에 앉은 채 입정에 들었다. 그러나 석 달이 지나도 백 일이 되어도 모습은 평상시와 같으나 도무지 깨어나질 않아 조바심을 내고 있는 대중 앞에 한 스님이 나타나 다비를 하지 않는다고 호통을 치자 그때서야 다비를 행하였는데, 식이 끝날 즈음 갑자기 허공에서 무슨 소리가 들려 왔다.

"내 몸은 이미 타 재가 되었으니 어디에 의탁할고. 부디 부지런히 계를 지니고 닦아 생사의 굴레를 벗도록 하여라."

대중을 향한 마지막 설법을 하는 자장 스님의 목소리였다.

또 다른 전해오는 말에 의하면 "자장 스님이 문수보살님을 황급히 쫓아갔으나 미치지 못하고 그 자리에서 쓰러진 채 죽었다."고도 한다. 어떤 것이 사실인지 알 수 없으나 한 가지는 분명한 듯하다. 그토록 간절하게 원했던 일이 자신의 어리석음으로 물거품이 되었으니 아무리 수행을 잘 한 분이라도 그 허망함을 견디기는 힘들었을 것이고 마음의 병은 그렇게 와서 결국 일어설 수 없게 만들었을 것이다. 예로부터 수행하는 사람들의 한결같은 원은 불보살님과의 친견이었다. 그러나 그 일이 그렇게 쉽지만은 않았던가 보다. 주로 하심下心을 시험하는 것이라

내 발길을 멈추게 했던 정암사의 적멸궁과 수마노탑입니다. 바로 이런 모습을 두고 단아한 아름다움이라고 하겠지요? 전각을 보고 닮고 싶다고 생각한 것은 덕숭산 수덕사 대웅전 이후 정암사 적멸궁이 처음이었습니다.

아상으로 굳어진 중생에게는 꽤 어려운 문제였을 테니 그렇기도 했을 것이다.

정암사에 전해오는 이야기는 유난히 과장되게 윤색되어 믿기 힘든 부분이 많다. 어느 작가가 말했던가? "동화는 때 묻지 않은 순순한 곳에서 태어나는 것이다. 그것이 전설이 되고 설화가 된다."고. 시시비비 가릴 것 없이 무조건 믿으면 그 속에서 생겨난 환희심이 신심信心의 자극제가 될 지 누가 알겠는가? 절집 나들이가 모두 그렇듯 정암사 절집도 나를 넉넉한 마음으로 웃게 만들었다.

* 고골관枯骨觀 수행은 시체가 썩어 백골白骨로 화化하는 모습을 관觀하는 것으로 자신의 몸에 대한 일체의 집착을 버리는 수행이다.
* 적멸보궁寂滅寶宮에는 부처님의 진신사리眞身舍利를 모신 탑이 있으므로 법당 내에 따로 불상을 모시지 않는다.
* 전탑塼塔은 흙으로 구운 벽돌을 쌓아 올린 흙벽돌탑을 말한다. 정암사淨岩寺의 수마노탑水瑪瑙塔은 전탑의 양식을 띠나 재료가 흙(土)이 아니라 돌(石)이므로 전탑을 모방한 석탑石塔이라 하여 모전석탑模塼石塔이라 부른다. "정암사 7층 모전석탑"이 정식명칭이다. "경주 분황사 모전석탑"이 유명하다.

나오는 말

원고를 마지막 손질하는 순간까지도 내 책상 위에 널려 있던 일본이니 인도니… 여행안내서와 관련 책자들이 내 눈과 마음을 자극했다. 티베트를 다녀온 후 내 마음에 들어선 풍선은 가라앉을 줄 모르고 떠오르려고만 했다. 그리고 늘 속삭였다. 언제든 날아서 가고 싶은 곳으로 가라고. 하지만 발이 땅에 닿아 있는 현실이 그리 녹록할까! 그래서 나름의 타협이라고 한다면 또 그렇다고 할 수 있는 것을 찾았다. 여행서적들을 늘 곁에 두고 틈이 날 때마다 일정을 구상하고 언제든 떠날 수 있다는 암시를 끊임없이 하면서 생활하는 것이었다. 나에게 건 트릭trick 치곤 꽤 효과가 있었다.

그렇게 일상에 최선을 다하다 보니 문득 떠날 기회가 생겨 여름엔 작은 여행들을 하면서 비릿한 바다 내음을 벗어나기도 했다. 늘 가고 싶었던 일본의 홋카이도와 중국의 장사를 다녀왔다. 색깔이 다르고 느낌이 다른 두 곳이었지만 주는 감동의 크기는 같았다. 낯선 곳으로 떠나는 여행은 늘 그렇듯 생각지도 못한 많은 것들을 안겨주니 그 늪에서 쉬이 발을 뺄 수 없다. 그렇게 신나는 여름을 보내고 인도로의 긴 여행을 계획하다 제동이 걸렸다. 팔을 다친 것이다. 어이없었다. 계획한 많은 일들이 눈앞을 스쳐갔다.

수술을 하고, 한참을 쓰지 않아 굳어진 팔을 열심히 치료해서 많은 기능들을 제자리로 돌려놓았다. 하지만 팔에 남은 흉터는 잊고 싶었던 기억들을 놓지 못하게 했다. 그렇게 많이 아파하던 즈음 책을 마무리하자는 연락이 왔다. 여행을 떠났다면 미루어졌을 일이었는데, 의미 없이 일어나는 일은 없나보다. "어리석은 사람은 할 수 있는 일은 하지 않고, 할 수 없는 일을 하려고 애쓴다. 그러나 지혜로운 사람은 할 수 없는 일은 하지 않고, 할 수 있는 일만을 열심히 한다." 쉬는 동안 기도처럼 외우면서 새겼던 『아함경阿含經』의 글귀이다. 무리하게 억지로 강행하려 했던 여러 계획들을 찬찬히 들여다 볼 기회였던 만큼 앞으로 모든 일은 순리대로, 할 수 있는 만큼 열심히 하려 한다.

뜻하지 않은 일이 일어나도 변함없이 나를 지켜주었던 사랑하는 인연들이 나를 더 빨리 낫게 했을 것이다. 늘 받기만 했는데 연초에 작은 선물을 마련할 수 있어 다행이다. 인간사 새옹지마塞翁之馬라더니 불쑥 찾아온 아픔에 힘들었는데 잘 이겨내고 나니 내 글들이 책으로 만들어져 세상 빛을 볼 수 있게 되었다. 많이 부족하지만 나의 두 번째 책이다. 나에게 아픔을 녹여준 책이니 누군가에게도 그런 책이 되었으면 하는 원願을 세워본다.

김영숙

부산에서 태어났다. 고등학교 때부터 가졌던 역사에 대한 관심이 전공이 되어 대학과 대학원에서 한국사를 공부하였다. '조선 후기 향촌 사회'에 대한 공부가 깊어질 즈음에 시작된 불교와 불교문화재에 대한 관심과 공부가 업業이 되어, 현재 대학의 관련학과에서 한국사와 불교문화재를 강의하고 있다. 펴낸 책으로는 절집의 요모조모를 알기 쉽게 설명해주는 『절집 길라잡이』가 있다.

우리 절집의 옛이야기와 한담

초판 1쇄 인쇄 2013년 1월 17일 | **초판 1쇄 발행** 2013년 1월 24일

지은이 김영숙 | **펴낸이** 김시열

펴낸곳 도서출판 운주사

(136-034) 서울시 성북구 동소문동 4가 270번지 성심빌딩 3층

전화 (02) 926-8361 | **팩스** 0505-115-8361

ISBN 978-89-5746-333-8 03220 값 10,000원

http://cafe.daum.net/unjubooks (다음카페: 도서출판 운주사)
